GÜTERSLOHER
VERLAGSHAUS

Gütersloher Verlagshaus. Dem Leben vertrauen

Gerhard Engelsberger

GEMEINDE AUF DEM WEG NACH BETHLEHEM

Gottesdienste für
die Advents- und
Weihnachtszeit

Mit CD-ROM

Gütersloher Verlagshaus

Bibliografische Information der Deutschen Nationalbibliothek
Die Deutsche Nationalbibliothek verzeichnet diese Publikation in der Deutschen
Nationalbibliografie; detaillierte bibliografische Daten sind im Internet
über http://dnb.d-nb.de abrufbar.

Trotz Bemühens konnten nicht alle Rechteinhaber ermittelt werden.
Der Verlag ist für Hinweise dankbar. Rechte bleiben gewahrt.

FSC
Mix
Produktgruppe aus vorbildlich
bewirtschafteten Wäldern und
anderen kontrollierten Herkünften

Zert.-Nr. SGS-COC-1940
www.fsc.org
© 1996 Forest Stewardship Council

Verlagsgruppe Random House
FSC-DEU-0100
Das für dieses Buch verwendete
FSC-zertifizierte Papier *Munken Premium Cream*
liefert Arctic Paper Munkedals AB, Schweden.

1. Auflage
Copyright © 2008 by Gütersloher Verlagshaus, Gütersloh,
in der Verlagsgruppe Random House GmbH, München

Umschlaggestaltung: Init GmbH, Bielefeld
Umschlagfotos: Bildleiste (von oben nach unten): Bild Nr. 1, 3, 4: © gettyimages/Stockbyte;
Bild Nr. 2: © Mark Thiessen/Corbis; Bild Nr. 5: © Philippe Lissac/Godong/Corbis;
Bild Nr. 6: © Geray Sweeney/Corbis. Stern (unterlegt): © Carola Tachil
Satz: Katja Rediske, Landesbergen
Druck und Einband: GGP Media GmbH, Pößneck
Printed in Germany
ISBN 978-3-579-05890-0

www.gtvh.de

Inhalt

Familiengottesdienste im Advent

Er ist auf dem Weg – Advent und die Väter

1. *Lied EG 1,1.2 (Macht hoch die Tür)*

2. *Votum, Begrüßung, Wochenspruch*

3. *Ehr sei dem Vater*

4. *Gebet:*
    Herr, du kommst zu uns, zu den Kindern
    und zu den Erwachsenen.
    Du meinst es gut mit uns.
    Wir sind oft gar nicht
    so richtig dankbar für all das Gute,
    das du uns schenkst.
    Eltern schenkst du Kinder.
    Den Erwachsenen Arbeit, Wohnung und
    alles Notwendige zum Leben.
    Uns allen schenkst du Freunde,
    eine Gemeinschaft.
    So viele Menschen sind es,
    die sich um uns kümmern.
    Herr, wir wollen nicht vergessen,
    wie viel Gutes du uns tust.

5. *Lesung: Jesaja 9,1–6*

6. *Lied EG 17,1.2 (Wir sagen euch an den lieben Advent)*

7. *Wir zünden im Advent Kerzen an.*
    Draußen will es manchmal gar nicht richtig hell werden.
    November, Dezember – das ist die dunkelste Zeit im Jahr.
    Wir zünden Lichter an. Jesus-Lichter. Kerzen am Adventskranz,
    später Kerzen am Weihnachtsbaum. Alles Licht unserer Kerzen
    beginnt an Ostern. Damals haben wir die Osterkerze zum ersten
    Mal angezündet. Von ihr aus geht Licht in alle Welt.

Wo Krieg ist, ist es dunkel, wo man hungert, ist es dunkel. Wo ein Mensch dem anderen Gewalt antut, ist es dunkel. Menschen, die Brücken bauen; Menschen, die Frieden stiften, sind Lichtträger. Wir wollen dies sein mit unserer diesjährigen BROT FÜR DIE WELT-Aktion.

(BROT FÜR DIE WELT-Projekt vorstellen)

8. *Lied EG 16,1.2.5 (Die Nacht ist vorgedrungen)*

9. *Kurzpredigt (Lukas 1,67–79)*

ER ist auf dem Weg. Jesus Christus ist auf dem Weg zu uns. Dass aus dem Dunkel Licht wird und aus der Not Fülle. Dass allen, die im Finstern leben, ein Licht aufgeht. So, dass jeder den Weg zu Gott finden kann.

Wie wenn nachts alle Lichter aus wären, nicht einmal Mond und Sterne scheinen. Dann würde keiner den Weg zu euch in euer Haus finden. Deshalb machen wir Lampen an, auf den Straßen, vor dem Haus. Und so ist Jesus das Licht auf dem Weg zu Gott. Und das feiern wir im Advent und darüber freuen wir uns, deshalb machen wir Kerzen an.

Und dann gibt es Menschen, die von diesem Licht erzählen. Ein ganz besonderer Mensch war Johannes der Täufer. Die Bibel sagt: Er war der letzte Prophet, der erzählte, dass der Messias kommt.

Als der Johannes noch ein klitzekleines Baby war, frisch geboren, da hat sich sein Vater sehr gefreut. Und er hat ein Lied gesungen. Normalerweise halten sich die Väter beim Singen ja etwas zurück und überlassen das den Müttern, aber hier war's anders. Ich lese einige Verse aus diesem Lied vor. Es steht im 1. Kapitel beim Evangelisten Lukas.

Lukas 1,67ff. (in Auswahl)

Ein Vater singt dieses Lied. Den Vätern ist Gottes Güte versprochen.

Deshalb ganz kurz etwas zum Stichwort »Väter«.

Es ist immer schön, wenn man sichtbare Erinnerungen an die Vorfahren erhalten und aufbewahrt hat.

Vier solcher Erinnerungen an meine Väter will ich euch zeigen.

Von meinem Ur-Urgroßvater habe ich nur noch einen Auszug aus dem Taufbuch der Evang. Pfarrei Stein. Dort steht, dass er als »Bürger und Weber« in Stein gelebt hat.

Von meinem Urgroßvater habe ich noch die Traubibel. Von 1885. Er lebte als Arbeiter in Stein.

Von meinem Großvater habe ich noch diesen Bierkrug. »Kanonendonner ist unser Gruß« – »Kanonier Lansche« – »Erinnerung an das Kaisermanöver 1909«. Wenn er nicht gerade ins Manöver zog oder gar in den Krieg, war auch er Arbeiter in Stein. Goldarbeiter.

Von meinem Vater habe ich natürlich viele Erinnerungen. Unter dem vielen, angefangen von seiner Nähmaschine – er war Schneidermeister – über Teerezepte bis zu seiner Geige, unter dem vielen ist eine Plakette aus Blech und zwei Schreiben.

Auf der Plakette steht: »Kriegsmarine 6287/44 K«. Zweimal steht das da. In der Mitte eine Kerbe. Zum Auseinanderbrechen. So einfach ist das.

Und die zwei Schreiben?

Das eine ist mit einem Fingerabdruck des rechten Daumens versehen. Darauf steht, dass er am 22. Juli 1945 aus amerikanischer Gefangenschaft entlassen wurde.

Im zweiten Schreiben vom März 1946 steht: »Auf Befehl der Militär-Regierung wird Ihnen mitgeteilt, dass Sie nach Vornahme der politischen Prüfung für einwandfrei erklärt wurden.«

Was sind das für Geschichten! Ein Eintrag ins Taufbuch, eine Bibel, ein Bierkrug vom Kaisermanöver, die Erkennungsmarke eines Soldaten, der Entlassungsschein aus der Gefangenschaft und die Bescheinigung ›politisch einwandfrei‹.

Auf solche Erinnerungen beschränkt, könnte diese Spanne von 150 Jahren Familiengeschichte auch vor 500 Jahren oder vor 2000 Jahren sich abgespielt haben. Väter erben an Söhne weiter, was sie von ihren Vätern ererbt haben. Auch in Israel ist das Heil an das Erbe der Väter gebunden.

Lukas 1,71f.: ... dass er uns errette von unsern Feinden und aus der Hand aller, die uns hassen, und Barmherzigkeit erzeigte unsern Vätern und gedächte an seinen heiligen Bund.

Aber dann ist diese Kette abgebrochen. Nun ist es ein Kind, dem unsre ganze Hoffnung gilt. Gott wird wissen, warum. Johannes der Täufer und Jesus selbst sind nie Vater geworden.

Das Heil ist nicht mehr von den Vätern zu erwarten. Im Gegenteil, sie brauchen Gottes Barmherzigkeit, sie brauchen dieses Kind. Das zu glauben, einem Kind sich zu übergeben, das fällt Vätern schwer, und auch Müttern. Es bedeutet den Verzicht auf das ganze Imponiergehabe. Es bedeutet Gelassenheit: Wir brauchen um unsre Anerkennung nicht mehr so verbissen zu kämpfen. Ein Kind sorgt für uns. Das ist Herausforderung genug. Auch heute noch. Für uns alle. Er kommt. Das Kind kommt uns entgegen, ein Licht, damit wir den Weg zu Gott finden, oder mit den Worten des alten Liedes: ... damit es erscheine denen, die sitzen in Finsternis und Schatten des Todes,/und richte unsere Füße auf den Weg des Friedens. (Lk 1,79)

10. *Lied EG 22 (Nun sei uns willkommen) (Kanon)*

11. *Gebet:*
Lieber Vater,
es soll nicht dunkel sein,
wo Menschen zusammenleben.
Es soll nicht dunkel sein,
wo Kinder leben.
Wir haben Kerzen angezündet.
Es soll ganz hell sein,
wo Kinder, Mütter und Väter
zusammenleben.
Du bringst Licht in unser Leben.
Wir wollen es weitertragen.

Vater unser

12. *Lied EG 1,5 (Komm, o mein Heiland) oder Kanon EG 2 (Er ist die rechte Freudensonn)*

13. *Segen*

Ein König der Gerechtigkeit

1. *Orgelvorspiel*

2. *Lied EG 1,1.2 (Macht hoch die Tür)*

3. *Votum: Siehe, dein König kommt zu dir, ein Gerechter und ein Helfer (Sacharja 9,9)*

   Ehr sei dem Vater ...

4. *Gebet:*
   Dir, Herr, Jesus Christus,
   danken wir für Licht und Leben,
   für die Gemeinschaft untereinander,
   für die Vorfreude auf dein Kommen,
   für die Freude aneinander,
   für alles Gute, das uns geschenkt ist.
   Lass uns teilen, was du uns schenkst.
   Lass uns dankbar diesen Advent feiern.

5. *Lied EG 17,1–4 (Wir sagen euch an den lieben Advent)*

6. *Lesung: Matthäus 21,1–9*

7. *Lied EG 1,3.5 (O wohl dem Land)*

8. *Der gerechte König*

   Die Kinder im Kindergottesdienst habe ich vor Wochen gefragt,
   wie der aussehen müsste, der bei uns alles zum Guten wendet.
   Nun, wenn man das als Pfarrer und in der Kirche fragt, dann ist den
   meisten eigentlich klar, worauf es hinausläuft. Deshalb habe ich nicht
   um den heißen Brei herumgeredet, sondern einfach eine Reihe von
   Bibeltexten aufgeschrieben, die vom biblischen Messias handeln.
   Es ist nicht viel übrig geblieben. Die Kinder haben mit Schere und
   mit Kleber dafür gesorgt, dass ein freundlicher, ein gütiger, ein

verzeihender und liebender Jesus Christus übrig geblieben ist. Ob Verzeihen, Freundlichkeit, Milde, Güte, Liebe reichen, um das Böse aus der Welt zu bringen? Wir erleben in diesen Monaten in der Verfolgung von Fremden in unserem Land, im Umgang mit Andersdenkenden, Andersfarbigen nicht nur Mord und Totschlag, wir erleben den Applaus, laut oder still, vieler Mitbürger. Kann man dem Unrecht, dem Bösen, kann man der Sünde nur mit Milde und Güte begegnen in der Hoffnung, dass ein Mensch, wenn er nur selbst geliebt wird, sich ändert?

Die Bibel erzählt von ganz unterschiedlichen Weisen des Kommens Gottes, des Eingreifens Gottes. Gott greift ein in den Kreislauf von Sünde, Gewalt, Unrecht. Er greift ein durch Gebote. Er greift ein durch Propheten. Er greift ein durch seinen Sohn. Im Ersten Testament wird vom König erwartet; dass er an Gottes Stelle dafür sorgt, dass Schwache geschützt, Kranke versorgt und Armen geholfen wird. Von diesem König singen auch die Adventslieder. Von einem gerechten König.

Was ist Gerechtigkeit?

Wer ist ein gerechter König?

Ungerecht nennen die Arbeiter im Weinberg den Weinbergbesitzer, der denen, die nur eine Stunde gearbeitet haben, ebenso viel Lohn zahlt wie denen, die acht Stunden gearbeitet haben. Ungerecht nennt der Bruder den Vater, der mit einem großen Fest die Rückkehr des Sohnes feiert, der alles Geld durchgebracht hat, während er zu Hause blieb, gearbeitet hat, anständig war. Als ungerecht würden es viele empfinden, wenn tatsächlich gilt, was da steht: Die Letzten werden die Ersten sein. Und: Wer unter euch der Größte sein will, der sei euer Diener.

Was ist Gerechtigkeit?

Wer ist ein gerechter König?

Es soll einen König gegeben haben, von dem will ich noch erzählen. Er hatte – wie so viele Könige – zwei Söhne. Und er musste – wie alle Könige – eines Tages auch sterben. Und es gab – wie in fast allen Familien – über das Erbe Streit unter den beiden Söhnen, vielleicht auch unter den beiden Frauen der Söhne. Wer weiß. Es soll ja auch bei königlichen Familien ganz menschlich zugehen.

Dieser König also hatte das alles wohl vorausgesehen und wusste, dass es Streit geben würde, wenn er stirbt. Wer kriegt was? – Das ist ja meistens die wichtigste Frage, leider.

Dieser König war nicht nur ein gerechter König, er war auch weise. Was nützt dir die ganze Gerechtigkeit, wenn sie sich nachher streiten und du nicht mehr schlichten kannst. Er ließ also seine königlichen Beamten kommen und diktierte sein Testament: »Nach meinem Tod – so verfügte er – soll mein ältester Sohn meine Besitztümer in zwei Hälften teilen, so wie es ihm recht erscheint.« Das ist vielleicht ganz weise, dass der Ältere entscheiden soll. Er hat mehr Lebenserfahrung. Aber hören wir weiter. »Nach meinem Tod – so hatte er also diktiert – soll mein ältester Sohn meine Besitztümer in zwei Hälften teilen, so wie es ihm recht erscheint.« Und dann weiter: »Mein jüngerer Sohn aber soll davon zuerst die Hälfte wählen, die er haben möchte.« Ein weiser König. Wenn nur manche Mutter, mancher Vater am Ende seines Lebens ein solches Testament hinterlassen hätte!

(Beispiele aus Karton ausschneiden – es gibt aus einem Ganzen immer mehr oder weniger unterschiedlich große Teile ...)

Wie auch immer einer der beiden Söhne entscheidet, er muss an den anderen denken, um selbst etwas Gutes zu erhalten. Wer seinen Vorteil auf Kosten des anderen sucht, ist am Ende selbst geschädigt. Wenn es uns gut geht auf Kosten anderer, dann geht das auf Dauer nicht gut.

In den Augen anderer Völker leben wir wie Könige. Der König, dessen Kommen wir im Advent besingen und mit Lichtern feiern, kommt sanftmütig, er kommt auf einem Esel, er ist gerecht, er sagt aber auch nicht zu allem »Ja und Amen«. Er sagt auch »Nein und so nicht«. Wir tun so, als bräuchten wir keinen anderen König, als könnten wir selbst König sein. Um unsere königliche Fassade zu erhalten, verbrauchen wir eine Menge Energie. Gott nimmt uns diese »Last« ab, aber wir weigern uns, ihn anzunehmen. Vielleicht, weil uns seine Art Gerechtigkeit nicht passt?

9. *Lied EG 9,1.4 (Nun jauchzet, all ihr Frommen)*

10. *Vorstellung: Projekt Brot für die Welt*

11. *Lieber Vater,*
wir haben von Kindern und Eltern gehört,
die ärmer dran sind als wir.
Sie leben in ...
Sie brauchen ...
Wir wollen ihnen helfen.
Wir wollen gerecht sein.
Wir möchten teilen, was du uns schenkst.
Hilf du uns dabei.

Vater unser

12. *Lied EG 9,5.6 (Ihr Armen und Elenden)*

13. *Segen*

Unter offenem Himmel

1. *Orgelvorspiel*

2. *Lied EG 13,1–3 (Tochter Zion)*

3. *Votum: Siehe, dein König kommt zu dir, ein Gerechter und ein Helfer.*
   Ehr sei dem Vater ...

4. *Psalm 24*

5. *An der Altarkerze werden je nach Adventssonntag ein oder mehrere Adventskranzlichter angezündet.*

6. *Lied EG 17,1–4 (Wir sagen euch an den lieben Advent)*

7. *Lesung: Matthäus 21,1–9*

8. *Lied EG 1,1.2 (Macht hoch die Tür)*

9. *Kurzpredigt: Hebräer 10,19–25*

   Liebe Kinder, liebe Gemeinde,

   das ist so eine zweischneidige Sache mit dem »freien Eintritt«. Man weiß nie so recht, was da nachkommt.
   Da steht auf dem Plakat: »Der Eintritt ist frei«. Ganz klein steht dann am Rand: Am Ausgang bitten wir um eine Spende zur Deckung der Unkosten.
   Also, wie ist das? Ich habe es bei unseren Konfirmanden umgekehrt gemacht. Auf dem Anmeldebogen zur Konfirmation muss man seinen Namen angeben, die Adresse, den Geburts- und Tauftag usw. Und dann muss der Konfirmand oder die Konfirmandin unterschreiben, dass er oder sie sich zum Unterricht anmelden und am Gemeindeleben teilnehmen will. Und die Pflichten – den Gottesdienstbesuch, den Besuch des Unterrichts, das Auswendig-

lernen – das alles, was etwas unangenehm ist vielleicht, das habe ich nicht klein gedruckt, sondern im Gegenteil, es ist fett gedruckt. Keiner kann nachher sagen, er hätte das nicht gewusst.

Ich meine, das ist wichtig hier in der Gemeinde miteinander: Ehrlichkeit. Offenheit. Wenn wir nachher beim Abendmahl euch Kinder in unserer Mitte nehmen, dann müsst ihr uns trauen können.

Und wenn wir es ernst meinen mit unseren Liedern und Gebeten, mit all dem Schönen, was in unserem Gesangbuch drinsteht, mit all dem Guten, was wir von Gott hören, was wir in der Bibel lesen und uns gegenseitig erzählen, dann müssen wir dem trauen können.

Jetzt steht da einer und sagt: Wir haben freien Eintritt ins Heiligtum.

Es ist wichtig, dass jeder Mensch einen Raum hat, in den keiner ungefragt eindringen kann.

Wenn bei unseren Kindern die Tür vom Zimmer zu ist, haben wir uns angewöhnt, dass wir anklopfen. Ich erwarte das auch bei mir, wenn meine Tür geschlossen ist.

Nun haben früher die Menschen gesagt: Gott, der lebt im Himmel. Gott, der ist weit weg. Gott, der lebt in einem unendlich großen Raum, zu dem wir Menschen keinen Zutritt haben.

Da war Gott – und weit unten, weit weg, waren die Menschen. Dazwischen Lichtjahre Raum und tödliche Kälte, nichts – und doch ganz dicke Mauern.

Seit Jesus geboren ist, seit Jesus gelebt hat, seit Jesus gestorben und wieder auferstanden ist, erzählen wir von Gott anders.

Der Weg ist frei, der Himmel ist offen, die Tür ist offen – Macht hoch die Tür, singen wir –, der Eintritt ist frei.

Und man kann kommen, woher – das ist gleich. Und was man als Ballast, als Rucksack und Geschichte, als Hautfarbe und Erfahrung, als Wunden und Behinderungen mitbringt, zählt am Eingang überhaupt nicht mehr.

Ich weiß, es gelingt uns selten, dass wir das auch jetzt schon hinkriegen, unter uns. Hier, ganz praktisch.

Die Erwachsenen kennen das, wenn man zum Arzt geht. Jeder will eigentlich gleich drankommen, keiner will warten. Und wenn dann gar noch ein paar vor mir ins Sprechzimmer gerufen werden, die nach mir gekommen sind, dann fange ich an, sauer zu werden.

Dabei ist jeder krank. Dabei kommt jeder mit Wunden. Und jeder braucht Hilfe. Und keiner hat Zeit. Und jedem ist das Warten unangenehm.

Mirjam hatte Geburtstag. Und hatte Freundinnen und auch ein paar Freunde eingeladen. Sechs Kinder, und das in der kleinen Wohnung. Und Mama hatte sich ganz große Mühe gegeben und einen Erdbeerkuchen gebacken, mit Sahne und einem tollen Tortenguss. Und Mama kommt ins Zimmer, hat den Erdbeerkuchen auf dem Tablett: Wer möchte gerne ein Stück Erdbeerkuchen: Ich – natürlich haben alle geschrien:»Ich«. Und jeder hatte Angst, er käme zu kurz, und keiner wollte der Dumme sein, der zuletzt leer dasteht. Und alle rannten auf Mirjams Mama zu und sagten: Mir, gib mir ein Stück. Und alle zogen und zerrten. Und der Erdbeerkuchen rutschte vom Tablett und lag auf dem Boden mitsamt der Sahne.»Oh« – nun hatte keiner etwas davon. Dabei hätte es bei zwölf Stück Erdbeertorte und bei sechs Kindern für jeden sogar für zwei Stücke gereicht.

Das ist schon dumm, wenn man sich gegenseitig die Freude nimmt.

Das ist schon dumm, wenn man am Eingang sich so drückt und schubst und drängelt, dass die Schwächeren über den Haufen gerannt werden.

Wenn es heißt»Freier Eintritt«, dann glauben wir doch nicht so recht daran und meinen, das gilt vielleicht nur für die ersten hundert oder für die, die mit der rechten Hand schreiben, oder für die, die ganz besonders lieb waren, oder für die, die einen deutschen Pass haben, oder für die, die evangelisch sind, oder für die, die eine weiße Weste haben.

Ja, wir haben noch lange daran zu üben, was es heißt, dass Jesus Christus uns den Weg freigemacht hat zum Allerheiligsten. Diese große»Kuschelkiste«Gottes, in die kein Mensch – höchstens der oberste Priester oder Pfarrer – hineindarf, die ist offen. Irgendwie haben wir das noch nicht verdaut. Und ist doch für jeden von uns die einzige Chance, mit seinem je und je krummen Leben geliebt und entschuldigt und verstanden zu sein.

Sein Haus hat off'ne Türen – wir singen es gleich.

Lasst es uns nicht nur singen. Lasst uns im Namen des dreieinigen Gottes auch so leben. Ohne alles Kleingedruckte und ohne Angst zu kurz zu kommen.

Übrigens: Mirjams Mama hatte noch einen zweiten Erdbeerkuchen gebacken. Aber so sind eben Menschen, die ein Herz haben. Sie sehen voraus, was passieren könnte, und sorgen vor. Dass es am Ende doch noch ein Fest wird.
Dass es am Ende doch ein Fest wird.

10. Lied EG 225,1–3 (Komm, sag es allen weiter)

11. Abendmahl

12. Dankgebet

13. Lied EG 8,1–4 (Es kommt ein Schiff, geladen)

14. Segen

Auf das Leise hören

1. *Instrumentalvorspiel*

2. *Lied EG 17,1–4 (Wir sagen euch an den lieben Advent)*

3. *Votum: Es werden kommen von Osten und von Westen, von Norden und von Süden, die zu Tisch sitzen werden im Reich Gottes.*
   Ehr sei dem Vater ...

4. *Gebet:*
   Stille ist ein Geschenk für den, der sucht und lauscht.
   Herr, unser Gott, dir danken wir für den Sonntag,
   für die Ruhe des Feiertages,
   für die Zeit der Erholung, der Besinnung.
   Hilf uns, das kostbare Geschenk der Stille anzunehmen.
   Hilf uns, auf die leisen Töne zu hören.
   Erhöre uns, wenn wir jetzt in der Stille zu dir beten:
   ...
   Der Herr ist mein Hirte, mir wird nichts mangeln.

5. *Leises Instrumentalspiel*

6. *Weise: Großes Herz – kleiner Mund*

   Im Chinesischen schreibt man das Wort »weise« mit folgenden Zeichen: ein großes Ohr und ein kleiner Mund.
   (Die beiden Symbole kann man leicht auf einen großen Karton malen.)
   Ein weiser Mensch ist einer, der ein großes Herz hat und einen kleinen Mund. Nun muss man auch wissen, dass das Herz, nicht das Gehirn, in den alten Kulturen der Sitz des Verstandes ist.
   Man hört und sieht – mit dem Herzen.
   Großes Herz, der sieht nicht nur, der »schaut«.
   Großes Herz, der hört nicht nur, der »horcht«.
   Ein kleiner Mund, der schweigt.
   Wer schauen, also mehr und tiefer sehen will als andere, muss schweigen.

Wer horchen, also mehr und bewusster hören will als andere, muss schweigen.

Ein weiser Mensch ist einer, der lange schweigen kann, nur schauen und horchen.

Deshalb beten die Juden, aber auch andere Religionen mit offenen Händen, nicht mit geschlossenen. Wenn man nur diese kleine Haltungsänderung macht von den gefalteten Händen zu den offenen *(zeigen)*, dann spüre ich, wie ich mich öffne. Wenn ich die Hände ausbreite, ist das ganz so, wie wenn ich schweige und die Ohren groß mache. Oder wie wenn ich meinen Blick auf etwas oder auf jemandem ruhen lassen kann.

Eine Kultur, die ihren Kindern nicht mehr das Schauen und Horchen und Schweigen vermitteln kann, stirbt aus. Die Wurzeln sterben ab. Die Oberfläche, das Laute, das Schnelle bestimmt alles.

Manchmal komme ich in Familien, nicht nur hier in der Gemeinde, da bin ich nach einer Stunde Versuch, ein konzentriertes Gespräch zu führen, nervlich so geschafft, wie wenn ich einen halben Tag angestrengt am Schreibtisch arbeite. Manchmal geht es mir auch in Familiengottesdiensten so. Wenn ich in die Gemeinde schaue und es nicht gelingen will, wenigstens einmal 5 oder 10 Minuten gemeinsam zu hören.

Ich fürchte, wer nicht mehr schauen und horchen gelernt hat, wird mit Sicherheit die unausgesprochene Bitte oder Klage eines anderen überhören. Wird das unscheinbare Opfer übersehen, wird auch den leisen Ruf Gottes nicht hören. Bekommt kein großes Herz.

Unser Gott schlägt nicht mit Blitz und Donner drein, läuft nicht wie ein Marktschreier durch die Stadt. Unser Gott spricht ohne Verstärker und Lautsprecheranlage.

Ich fürchte, wer nicht mehr schauen und horchen gelernt hat, wird eines Tages nicht einmal mehr den lauten Schrei hören.

Er ist abgestumpft. Der Empfang ist gestört.

Gott sucht Wege durch unser dickes Fell, Gott sucht Gehör in unseren verschlossenen Ohren. Gott sucht unsere Augen, und sie haben nicht gelernt zu schauen. Gott sucht unser Herz, und wir haben keine Zeit.

Es liegt eine große, tiefe Kraft über Menschen, die stille sein können.

Jesus hat sich auch immer wieder zurückgezogen. Und wie jeder Jude mit offenen Händen gebetet. Gehorcht, geschaut. 40 Tage in der Wüste. Aber auch sonst heißt es immer wieder, dass er von der Masse wegging, die dies und jenes von ihm wollte. Er ging auf einen Berg, heißt es oft. Wollte allein sein, zur Ruhe kommen. Kraft schöpfen. Schauen. Horchen.

7. *Lesung: Markus 6,45–52*

8. *Lied EG 165,1.6 (Gott ist gegenwärtig)*

9. *Menschen suchen Stille.*
Menschen suchen Gott.
Menschen begegnen der Quelle der Ruhe.
Kannst du deine beiden Hände ineinanderlegen und die Augen schließen?

Stille

Kannst du nun – da, wo jemand neben dir sitzt – deine linke Hand in die rechte Hand des Freundes neben dir legen, und deine rechte Hand in die linke das Nachbarn rechts von dir?
Das hört sich schwierig an: Lege links und rechts deine offene Hand in die offene Hand des Nachbarn.
Dann schließe die Augen.

Vertrauen ist schwierig.
Vertrauen ist wichtig.
Stille ist wichtig.
Stille heilt.

10. *Leises Instrumentalspiel*

11. *Meine Seele ist stille (Psalm 131)*

12. *Großer Gong oder Stimmgabel mehrmals – erst lauter, dann immer leiser – erklingen lassen.*

– Ein Ton ist viel länger, als man ihn oberflächlich hört.
– Hören muss man üben.

Wo ohne Irritationen möglich, kann hier die tiefste Glocke der Gemeinde geläutet werden. Nur kurz. Dabei sollen die Kinder und Erwachsenen horchen, wie lange man den Nachklang der Glocke hört.

13. Lied EG 1,5 (Komm, o mein Heiland Jesu Christ)

14. Vater unser, Friedensgruß

15. Lied EG 170,1–4 (Komm, Herr, segne uns, dass wir uns nicht trennen)

16. Segen

17. Instrumentalnachspiel

Krabbelgottesdienste

Die Krabbelgottesdienste müssen auch ermöglichen, was der Name verspricht: Kinder müssen »krabbeln« können. Wo immer ein Kirchenraum dafür geeignet ist, sollte in der Kirche gefeiert werden. Meist bietet der Altarraum eine gute Gelegenheit, im Zweifel muss man eben ins Gemeindehaus umziehen. Findige Pfarrerinnen und Pfarrer zusammen mit Eltern und Kirchenältesten finden einen passenden Weg.

In einem Gemeindezentrum wie in Wiesloch ist die Raumfrage unproblematisch. Hier sind nur Stuhlreihen aufzulösen. Dies geschieht nach dem »Hauptgottesdienst«; es finden sich unproblematisch Helferinnen und Helfer beim Umbau. Schnell ist ein kleinerer oder größerer Kreis geschaffen. Vor jedem Stuhl (für die Erwachsenen) liegt ein kleines Sitzkissen (für die Kinder).

Oft bietet sich der Altar in der Kirche als kleines »Haus« an: Ob der Altar als Tisch auf vier Beinen steht oder wie in Wiesloch nur auf zweien, ist unwesentlich. Wo der Altar »massiv« ist, sollte ein »Altartisch« für die Krabbelgottesdienste aufgestellt werden. Mit wenigen Handgriffen wird aus dem Tisch ein Haus. Und hinter den Vorhängen ist versteckt, was beim jeweiligen Krabbelgottesdienst »auf den Tisch« kommt.

Die liebevolle Vorbereitung ist das Entscheidende. Kinder und Eltern sollten – bei Regen in einem Nebenraum – warten, bis alles für den Krabbelgottesdienst vorbereitet ist.

Als wesentlich hat sich in Wiesloch herausgestellt, dass die Kinder etwas nach Hause mitnehmen können. So legen wir Wert darauf, dass eine Kleinigkeit im Krabbelgottesdienst »erarbeitet« wird oder als »Mitnehmsel« zu Hause an den Gottesdienst erinnert.

Wir feiern Advent I (Weihnachtsgebäck)

0. *Vorbereitung:*
   Am Tag zuvor Weihnachtsgebäck-Teig zubereiten
   Ausstechformen
   Nudelhölzer
   Vier Kindergartentische werden aufgestellt
   Herd zum Backen der Weihnachtsplätzchen vorheizen.
   (Dieser Krabbelgottesdienst eignet sich eher für ein Gemeinde-
   haus, in dem sich ein Herd zum Backen der Weihnachtsplätzchen
   befindet.)

1. *Begrüßung*
   Schön, dass ihr, die kleinen und größeren Kinder, die Eltern und
   Großeltern, gekommen seid ...

2. *Begrüßung liturgisch*
   Im Namen Gottes, der alles geschaffen hat,
   im Namen Gottes, der wacht über Groß und Klein,
   im Namen Gottes, der jetzt mitten unter uns ist,
   feiern wir diesen Krabbelgottesdienst.

3. *Lied: »Schön, dass es uns gibt« (1.+2. Strophe) (s. S. 33)*

4. *Gebet:*
   Lieber Gott, in deinem Haus
   feiern Groß und Klein,
   gehen ein und gehen aus,
   wollen Freunde sein.
   Du kennst alle unsre Namen,
   Das ist gut. Wir sagen: Amen.

5. *Haus und Tisch: Alles kommt auf den Tisch*

   Im Haus ist der Vorhang geschlossen.
   Was hat sich da versteckt?
   (Teig, Ausstechformen, Nudelhölzer etc.)

Kinder holen Teig, Ausstechformen, Wellhölzer etc. und bringen das Gefundene auf die vorbereiteten Tische.

6. *Backutensilien werden auf vier Tische verteilt.*
   Kinder gehen wieder an ihre Plätze

7. *Warum backen wir im Advent Plätzchen?*
   Im Advent freuen wir uns auf Weihnachten.
   Wir freuen uns, dass wir bald den Geburtstag Jesu feiern können.
   Am Geburtstag gibt es immer etwas Besonderes zu essen.
   Kinder und Eltern freuen sich, wenn es kleine Süßigkeiten gibt.

8. *Wir singen »Macht hoch die Tür«, 1. Strophe (EG 1)*

9. *Kinder und Eltern werden eingeladen, den Teig auszuwellen und Formen auszustechen etc.*
   Dazu werden kleine Tischgruppen gebildet.

   Nach dem Ausstechen werden die Plätzchen auf Bleche gelegt und in einem nahen Herd, der schon entsprechend vorgeheizt ist, gebacken.

10. *Die erste Kerze wird angezündet.*
    Lied: Wir sagen euch an den lieben Advent (1. Strophe) (EG 17)

    Die zweite Kerze wird angezündet.
    Lied: Wir sagen euch an den lieben Advent (2. Strophe) (EG 17)

    Kurze Stille

11. *Gebet:*

    Lieber Gott,
    wir haben den Vorhang aufgemacht in unserem Haus.
    Vieles haben wir entdeckt:
    Wir haben miteinander Weihnachtsplätzchen gemacht, weil wir uns freuen.
    Wir feiern miteinander Advent.

Die Kerzen brennen auf dem Altar.
Auch zu Hause haben wir einen Adventskranz.
Dort brennen auch die Kerzen.
Wir freuen uns.
Wir sagen »Danke«.
Gut, dass du uns liebst.
Schön, dass es uns gibt.
Amen.

12. *Vater unser*

13. *Lied: »Schön, dass es uns gibt« (1.-3. Strophe) (s. S. 33)*

14. *Segensbitte*

(alle fassen sich an den Händen)

Gott behüte dich.
Gott, beschütze mich.
Schütze uns auf allen Wegen,
sei bei uns mit deinem Segen.
Amen.

15. *Die Zwischenzeit hat ausgereicht, um die Weihnachtsplätzchen zu backen. Sie werden nun gebracht und an die Kinder verteilt, die sie gestaltet haben.*

Wir feiern Advent II (Weihnachtsgesteck)

0. *Vorbereitung:*
   Holzscheiben schneiden lassen, Anzahl entsprechend der zu erwartenden Kinderzahl.
   Doppelte Anzahl kleiner Tannenzweige, für jedes Kind zwei Nüsse, einen Apfel – möglichst rotbackig, ein rotes Band, ca. 50 cm lang, ein Teelicht.
   Team gestaltet Altar: Vorhänge anbringen, Adventskranz, große Baumscheibe – alles »größer« vorbereiten: Kerze, Zweig, Schleife, Apfel, Nüsse.

1. *Begrüßung*

2. *Begrüßung liturgisch*
   Gott, du hast uns lieb.
   Du schenkst uns Jesus, unseren Freund.
   Wir freuen uns, dass Jesus ein Kind wird, wie all die Kinder hier.
   In seinem Namen feiern wir diesen Adventsgottesdienst.

3. *Lied: »Schön, dass es uns gibt« (1.+2. Strophe) (s. S. 33)*

4. *Gebet:*

   Lieber Gott, in deinem Haus
   feiern Groß und Klein,
   gehen ein und gehen aus,
   wollen Freunde sein.
   Du kennst alle unsre Namen,
   Das ist gut. Wir sagen: Amen.

5. *Haus und Tisch: Alles kommt auf den Tisch*

   Im Haus ist der Vorhang geschlossen. Was hat sich da versteckt?
   Alles hat etwas mit Advent zu tun.
   (Kurze Erläuterung für ältere Kinder und Erwachsene; Auswahl treffen)

Adventskranz: Kreis ist Symbol der Fülle, Einheit, Ewigkeit; Lichterkränze, Leuchter etc.

Aber lange bevor es Adventskränze gab, gab es Gestecke aus Tannengrün und anderen im Winter grünen Pflanzen, die oft die Sonne darstellten. Wahrscheinlich war es den Menschen im Winter angst und bang, wenn die Sonne nur so kurze Zeit schien. Sie wollten sie festhalten – und so haben sie Kränze und Gestecke gemacht, die die runde Form der Sonne hatten.

Einmal hat einer damit angefangen. Es soll Johann Heinrich Wichern, der Gründer des Rauen Hauses in Hamburg, gewesen sein. Er hatte ein Waisenhaus gegründet – dort wohnten viele Kinder, die keine Eltern mehr hatten. Um ihnen eine Freude zu machen, soll er einen Adventskronleuchter mit vielen Kerzen aufgehängt haben. Viel mehr Kerzen als wir heute am Adventskranz haben. So viele, wie ihr Türchen am Adventskranz habt – für jeden Tag bis Weihnachten eine. Das war ungefähr vor 150 Jahren.

Der »Weihnachtsbaum« ist älter als der Adventskranz; erst wurde eine Tanne umgekehrt aufgehängt, später mit Kerzen geschmückt wie heute.

Tannenzweig: Immergrün, ewiges Leben, neues Leben.

Äpfel erinnern an den »Paradiesapfel«; früher hat man richtige Äpfel an die Zweige des Tannenbaums gehängt, heute sind das Christbaumkugeln. Strohsterne erinnern an das Stroh in der Futterkrippe, ihre Form an den »Stern von Bethlehem«.

Rote Schleifen sind ein Symbol für die Rose (Unschuld, Blut, Liebe, Maria durch ein Dornwald ging).

Kerzen sagen uns: Jesus Christus ist das Licht der Welt. Seit Ostern brennt die Osterkerze in unserer Kirche. Vier Adventssonntage, vier Kerzen; dann aber viele am Weihnachtsbaum.

6. *Was feiern wir im Advent?*

Erst ist das Licht am Adventskranz ein einzelnes kleines Licht, doch an Weihnachten leuchten viele Kerzen und machen ein dunkles Zimmer hell. So ist auch das Licht, das mit Jesus in die Welt kommt, erst klein; aber seit Ostern strahlt das Jesuslicht hell.

7. *Die erste Kerze am Adventskranz wird angezündet.*

Lied: Wir sagen euch an den lieben Advent (1. Strophe) (EG 17)

Die zweite Kerze wird angezündet.
Lied: Wir sagen euch an den lieben Advent (2. Strophe) (EG 17)

8. *Kinder und Eltern gestalten in einem großen Kreis »Adventsscheiben«*
   mit je
   - 1 Baumscheibe
   - 1 Tannenzweig
   - 1 Apfel
   - 3 Nüssen
   - 1 roten Schleife

9. *Wir singen »Macht hoch die Tür«, 1. Strophe (EG 1)*

10. *Gebet*

Lieber Gott,
wir haben den Vorhang aufgemacht in unserem Haus.
Vieles haben wir entdeckt:
Wir können unser kleines Gesteck nach Hause mitnehmen.
Licht soll leuchten.
Jesus Christus, du bist unser aller Licht.
Wir sagen »Danke«.
Gut, dass du uns liebst.
Schön, dass es uns gibt.
Amen

11. *Vater unser*

12. *Lied: »Schön, dass es uns gibt« (1.–3. Strophe) (s. S. 33)*

13. *Segensbitte*

(alle fassen sich an den Händen)

Gott behüte dich.
Gott, beschütze mich.
Schütze uns auf allen Wegen,
sei bei uns mit deinem Segen. Amen.

Schön, dass es dich gibt

Text & Musik: G. Engelsberger

Schön, dass es dich gibt, schön, dass es mich gibt,
dass wir hier zu - sam - men sind, Gott den Tag mit uns be - ginnt.
Gut, dass Gott uns liebt. Schön, dass es uns gibt.

1. Schön, dass es dich gibt,
(Hände zeigen offen nach vorne)
schön, dass es mich gibt,
(Hände zeigen auf mich selbst)
dass wir hier zusammen sind,
(Hände zeigen einen Kreis in die Runde)
Gott den Tag mit uns beginnt.
(Hände zeigen Kreis nach oben)
Gut, dass Gott uns liebt.
(Hände zeigen auf mich selbst)
Schön, dass es uns gibt.
(Hände zeigen einen Kreis in die Runde)

2. Hier ist meine Hand.
(Eigene Hände offen zeigen)
Da ist deine Hand.
(Hände zeigen auf Hände des Nachbarn)
Hände bleiben nicht allein,
(Hände falten)
Hände wollen Freunde sein.
(Gefaltete Hände öffnen sich nach links und rechts)
Gib mir deine Hand.
(offene Hand nach links, offene Hand nach rechts)
Da ist meine Hand.
(Hände der Nachbarn halten)

3. Gott behüte dich.
(Offene Hände zeigen auf Nachbarn)
Gott, beschütze mich.
(Hände zeigen auf mich selbst)
Schütze uns auf allen Wegen,
(Offene Hände zeigen nach oben)
sei bei uns mit deinem Segen,
(Hände machen Segensgeste)
Gut, dass Gott uns liebt.
(Hände zeigen auf mich selbst)
Schön, dass es uns gibt.
(Hände zeigen einen Kreis in die Runde)

Meditative
Gottesdienste

Zum Grundsätzlichen der hier ausgeführten meditativen Gottesdienste siehe: Gerhard Engelsberger, Feierabend-Gottesdienste, Gütersloh 2006, v. a. S. 19–28.

 # Gott erinnert sich

1. *Raum*

Wo möglich, ist der Raum ausgestaltet mit einer kleinen Krippen-Ausstellung. Gemeindeglieder sind eingeladen, für einen Abend ihre Krippe der Gemeinde zur Verfügung zu stellen. Durch die einzelnen Krippen entstehen – im Kirchenraum verteilt – »Krippenstationen«.

2. *Symbol*

Krippe

3. *Ankommen, Bleiben und Gehen gestalten*

Die Ankommenden werden eingeladen, schweigend die ausgestellten Krippen zu betrachten und dann ihren Platz in der Kirche zu finden.

Zum Ausgang erhalten die Besucherinnen und Besucher eine Kunstdruckkarte mit »Bethlehem-Bild«.

4. *Liedvorschläge*

Thematisch ausgerichtetes Lied:
Ich steh an deiner Krippen hier (EG 37)
O Bethlehem, du kleine Stadt (EG 55)
Macht hoch die Tür (EG 1, besonders Str. 5)

5. *Stille*

Erste strukturierte Stille:
Du hast die Krippe(n) gesehen.
Du kennst die Bilder:
Das Kind in der Krippe, Maria und Josef,
die Hirten, die Könige, die Engel,

Ochs und Esel, Kamele vielleicht und Elefanten,
Schafe und Hunde,
vielleicht mit Abstand
ein paar Leute aus dem Dorf oder aus der kleinen Stadt.
Stell' dir ein solches »Weihnachtsbild« vor.
Und nun suche in Gedanken deinen Platz –
vor dem Stall, im Stall, am Fenster, weit weg? –
die Stelle im Bild, wo du dich am wohlsten fühlst.

Zweite strukturierte Stille:
Bethlehem war überfüllt.
Auch wir sind nicht offen, nicht frei, nicht leer.
Übervoll sind wir mit Eindrücken, Bildern, Geräuschen, Terminen.
Wo ist der Platz am Tag,
an dem du frei wirst von alledem?
Ob es möglich ist,
für morgen, vielleicht sogar für übermorgen
einen solchen Platz freizuhalten –
für Gott, für dich, für die Liebe?

6. *Biblische Texte*

Psalm 24 (Machet die Tore weit)
Lukas 2 (Jesu Geburt)
Johannes 1 (Im Anfang war das Wort)

7. *Gebete*

Eingangsgebet:
Kind in der Krippe,
Bruder am Kreuz,
Vater im Himmel,
Geist der Liebe,
ordne mein Leben.

Ausgangsgebet:
Wort des Lebens,
komm wohnen in mir.

Geist der Liebe,
fülle mich aus.
Jesus Christus,
komm auch in mir
zur Welt.

8. *Thematischer Impuls*

Johannes Tauler, der Straßburger Mystiker, schreibt im 14. Jahrhundert einen überzeugenden Gedanken: Ich selbst muss leer werden, wenn Christus in mir lebendig werden soll. Wenn ich in mir Platz beanspruche für meine Sicherheit, für meine Ansprüche, dann hat er keinen Platz. Wenn ich reden will, sagt Tauler, dann muss Christus eben schweigen.

»... und darum sollst du schweigen: dann kann das Wort von dieser Geburt in dich hineinsprechen und in dir gehört werden; aber sicher: willst du sprechen, so muss er schweigen. Man kann dem Worte nicht besser dienen als mit Schweigen und mit Lauschen. ... Denn soll Gott sprechen, musst du schweigen; soll Gott eingehen, müssen alle Dinge ausgehen. ... dass wir nun alle dieser edlen Geburt Raum in uns geben, damit wir wahre geistliche Mütter werden, dazu helfe uns Gott.« (Predigt am Weihnachtstag über Jesaja 9,5)

9. *Meditation*

Im Weihnachtsevangelium hörten wir: ... denn sie hatten sonst keinen Raum in der Herberge.
In Paul Gerhardts Weihnachtslied haben wir eben gesungen:
So lass mich doch dein Kripplein sein; komm, komm und lege bei mir ein dich und all deine Freuden.
In Johannes 1,14 lesen wir: Und das Wort ward Fleisch und wohnte unter uns, und wir sahen seine Herrlichkeit, eine Herrlichkeit als des eingeborenen Sohnes vom Vater, voller Gnade und Wahrheit.

Wie soll das gehen?
Wir kennen das aus unzähligen Krippenspielen in immer neuen Variationen. Der Wirt jagt die hochschwangere Maria mit ihrem

Verlobten davon. Die Stadt, die Herbergen, die Gasthäuser sind überfüllt. Sie klopfen Haus an Haus an und finden keinen Einlass. Endlich, in einem Stall finden sie Unterschlupf und Maria bringt ihr Kind zur Welt. Sonst gab es keinen Raum mehr in der Herberge. Ein altes Stück Wahrheit.

Wenn wir es nicht lesen als Teil eines Weihnachtsspiels, sondern als ein Stück über Gott und uns, Gott und mich, dann wird dieses alte Stück Wahrheit ganz aktuell.

Ich versuche dem nachzuspüren, wie die alte Kirche dieses Stück Wahrheit gelesen und gepredigt hat. Ich will es mit meinen Worten nachsprechen.

Gott erinnert sich.

Gott liebt.

Gott will nicht für sich bleiben.

Gott will geboren werden.

Gott will in mir, in dir geboren werden.

Da ist das Bild der Jungfrau.

Er kann nur von einer Jungfrau geboren werden. Von einem Menschen, von dem noch kein anderer Besitz genommen hat, den kein anderer besitzt oder füllt oder beansprucht.

Ich vergesse alle aufgeklärten Fragen und verstehe: Wenn Gott in mir geboren werden will, dann muss ich frei sein. Muss ledig sein.

Gott kann nur dort einziehen, wo Raum ist. Gott kann nur Tür an Tür wohnen mit einem Willen, der seinem eigenen gleich ist.

Ich bin Bethlehem, du bist Bethlehem.

Die alte Verheißung aus dem Buch Micha, der Messias des jüdischen Volkes käme aus dem kleinen Bethlehem, die alte Verheißung hat schon den Evangelisten Lukas inspiriert.

Wir wissen nicht, wo Jesus geboren ist.

Wir wissen nicht, in welchem Jahr und an welchem Tag Jesus geboren ist.

Aber spielt das eine Rolle, wenn Gott in dir geboren werden will, jeden Tag neu zur Welt kommen will in dir und durch dich?

Du bist Bethlehem, ich bin Bethlehem.

Und sein Marktplatz ist dein Herz, und seine Gasthäuser sind dein Magen.

Die Türen der Stadt sind deine Augen und die Fenster deine Ohren.

Und der Raum, den er sucht, ist deine Seele.

Und Gott will in dein Herz, aber es schlägt im Takt deiner Geschäfte, deiner Termine. Gott will in dein Herz und du zeigst ihm den vollen Terminkalender und sagst: Am siebten des Monats, da wäre nachmittags noch eine Stunde frei, wenn nichts dazwischenkommt.

Du bist Bethlehem, ich bin Bethlehem.

Und die Gasthäuser Bethlehems sind dein Magen. Und dein Magen ist übersäuert, dein Magen ist voll. Du hast keinen Hunger nach Gott und keine Lust auf Brot vom Himmel. Und du zeigst auf deinen vollen Bauch und sagst: Da passt nichts mehr rein. Ich platze eh schon fast.

Du bist Bethlehem, ich bin Bethlehem.

Sein Marktplatz ist dein Herz, seine Gasthäuser sind dein Magen.

Die Türen der Stadt sind deine Augen.

Und Gott will in deine Augen. Gott will, dass du ihn siehst. Aber da laufen schon sieben Kanäle gleichzeitig und zwei Filme parallel, die du gerne gesehen hättest. Und immer wieder dazwischen Werbung und Nachrichten und deine Hand ist immer am Drücker, dass du nichts verpasst oder wegschaltest, was du nicht sehen willst – die Armen, die Toten, die Kriege, die Fremden, das Elend.

Gott will in deine Augen und du sagst: Ich kann jetzt nichts mehr sehen, meine Augen tränen, sind rot und müde.

Du bist Bethlehem, ich bin Bethlehem.

Die Türen der Stadt sind deine Augen und die Fenster deine Ohren.

Und Gott, das ewige Wort, will in deine Ohren. Aber sie sind voll. Von den Schreien der Händler und den Angeboten der Verkäufer. Vom Lärm des Verkehrs, der Radios, der Verstärker, der Lautsprecher.

Und du bist süchtig nach Geräuschen, weil du die Stille nicht erträgst. Du hörst dann dein Herz schlagen, hörst und spürst, wie dein Magen drückt und wie deine Augen tränen.

Und Gott will in deine Ohren, und du sagst: Ich bin zu bis über die Ohren. Ich ertrage nichts mehr.

Du bist Bethlehem, ich bin Bethlehem.

Und der Raum, den Gott sucht, wäre deine Seele.

Und Gott will in deine Seele und findet sie verschlossen. Die Türen, die Fenster sind verschlossen. Die Gasthäuser überfüllt. Und der Markt ist überlaufen. Die Seele leidet und sieht nur ihr eigenes Elend.

Die Seele dreht sich nur noch um sich selbst, hat keine Fenster und Türen mehr, keine Himmelsrichtung und kein Lot. Und hat keinen Raum für Gott.

Außer vielleicht dort, wo …

Dort, wo die Schatten am dunkelsten sind.

Dort hinter den Kulissen.

Dort, wo du deine Schuld versteckst.

Dort im Hinterzimmer. Im Abstellraum.

Dort, wo der verlorene Sohn im Gleichnis Jesu landet,

im Schweinekoben, im Kuhstall,

dort in dem ganzen Mist deines Lebens.

Dort ist noch ein Plätzchen.

Dort hat Bethlehem noch einen Platz für Gott und sein Kind.

Und so kommt Gott durch die Hintertür zu dir.

So kommt Gott in deiner dunkelsten Dunkelheit zu dir.

Inmitten der Nacht.

Gott muss sich ganz klein machen.

Gott muss all die strahlenden Galaxien zurücklassen,

all die schönen Himmelschöre und die paradiesischen Zustände.

Und die ganzen himmlischen Heerscharen.

Es bleibt ja nichts übrig.

Du hast ihm ja sonst keinen Raum gelassen, Bethlehem.

Deine Türen waren zu, die Fenster verschlossen. Deine Gasthäuser waren überfüllt. Kein Stuhl war mehr frei, geschweige denn ein Quartier für die Nacht oder gar eine Bleibe – in deiner Seele.

Deshalb kommt Gott durch die Hintertür, auf unbefestigten Straßen.

In deiner größten Schuld.

In deiner dunkelsten Dunkelheit.

Inmitten der Nacht.

In der tiefen Stille.

Gott muss sich ganz klein machen.

Da war eben noch eine kleine Ecke Stille.

Vielleicht eben jetzt.

Oder gestern.

Oder morgen.
Eine kleine Ecke Stille.
Du hattest sie übersehen.
Wie Siegfried die Stelle zwischen den Schulterblättern oder Achilles die Ferse, so hast du, Bethlehem, übersehen, dass da noch eine Schwachstelle war. Unabgesichert.
Eine Spaltbreit Seele.
Ein Schlupfloch Raum.
Und der ganz kleine Gott hat sich da hineingeschlichen und ist zur Welt gekommen. In dir.
Und hat ein Licht in dich hineingepflanzt. Du merkst es nicht. Aber es wächst und wärmt und heilt – von innen.
Denn nun, Bethlehem, mag dein Markt schreien und deine Händler handeln und deine Wirte auftischen und deine Oberen regieren.
Nun, Bethlehem, wirst du Gott nicht mehr los.
Gott hat Raum gefunden.
Du bist seine Herberge.
Nun trägst du Gott in dir, Bethlehem.
Und jeder, der deinen Namen nennt,
in Jahrhunderten und Jahrtausenden
wird deine Geschichte erzählen.
Und es wird wärmer werden um dich.
Und du wirst Hören und Sehen lernen.
Wirst lernen, die Hände in den Schoß zu legen.
Und wirst staunen, welche Werte entstehen in der Ruhe.
Und welche Klänge dir die Stille schenkt.
Und du wirst deine Angst überwinden.
Wirst leben.
Hier und dort.

10. *Wort auf den Weg*

Gott hat sich erinnert.
Gott hat dich nicht vergessen.
Gott hat sich erinnert.
Gott ist geboren in dir, Bethlehem, du kleine.
Du unscheinbare. Du unauffällige. Du wartende. Du leicht zu übersehende.

Jetzt trägst du die Fülle.
Jetzt geht dir ein Licht auf.
Jetzt bist du Krippe und Stall und Herberge.
Gott hat sich erinnert.
Gott hat dich nicht vergessen.
Gott hat sich erinnert.
Gottes Sohn ist geboren.
Das Kind liegt in der Krippe.
Das Kind hat Wohnung gefunden.
Gott hat sich erinnert.

Als er aber von den Pharisäern gefragt wurde: Wann kommt das Reich Gottes?, antwortete er ihnen und sprach: Das Reich Gottes kommt nicht so, dass man es beobachten kann; man wird auch nicht sagen: Siehe, hier ist es! oder: Da ist es! Denn siehe, das Reich Gottes ist mitten unter euch.

Der Engel – das lebendige Wort Gottes an deiner Seite

1. *Raum*

    Der Kirchenraum ist so ausgestaltet, wie ihn die Gemeinde in den Weihnachtstagen kennt.
    Besondere Stationen sind nicht vorgesehen.

2. *Symbol*

    Engel

3. *Ankommen, Bleiben und Gehen gestalten*

    Keine Besonderheit

4. Liedvorschläge

    Vom Himmel hoch, da komm ich her (EG 24)
    Jauchzet, ihr Himmel (EG 41)
    Freu dich, Erd und Sternenzelt (EG 47)
    Hört, der Engel helle Lieder (EG 54)

5. *Stille*

    Erste strukturierte Stille:
    Ich lade ein zu einigen Minuten der Stille.
    In der Stille hört man nicht nur besser.
    Mit geschlossenen Augen sieht man auch besser.
    Das Wesentliche tritt vor Augen.
    Du bist dem Engel auf der Spur.
    Ob du ihn jetzt hörst?
    Ob du ihn ahnst, jetzt,
    in der Stille?
    Setz dich in der Stille

mit den Hirten auf das Feld
und höre.

Zweite strukturierte Stille:
Und als die Engel von ihnen gen Himmel fuhren …
In dieser Nacht, damals, unter offenem Himmel,
fanden die Hirten ihre Sprache wieder,
packten ihre Siebensachen,
machten sich auf den Weg
und erzählten, was sie gesehen hatten,
was ihnen gesagt war.
Nimm an, du seist einer dieser Hirten,
unter offenem Himmel,
in der Stille jetzt.
Du hättest nur wenige Worte.
Was wäre das Schönste,
von dem du erzählen könntest.
Das Schönste aus deinem Leben.

6. *Biblische Texte*

Lukas 1,46b–55 als Psalm (Magnificat)
Lukas 2 (Jesu Geburt)
Matthäus 1,18–25 (Jesu Geburt)

7. *Gebete*

Eingangsgebet:
Es ist dein Licht, Gott,
das mich leitet.
Es ist deine Liebe, Gott,
die mich tröstet.
Ein weiteres Mal darf ich hören,
dass du kommst und bleibst.
Mich meinst du
mit deiner Liebe.
Auf mich wartest du
mit deiner Geduld.
Wenn alle Hoffnung trügt,

dann bleibt der Glaube,
den du mir schenkst.

Ausgangsgebet:
Drinnen und Draußen,
Oben und Unten,
Himmel und Erde.
Gott und Mensch eins.
Das sagt mir dein Engel.
Das erzählen die Hirten.
Ihnen geht das Herz über.
Sie haben gehört und gesehen.
Auch ich bin gekommen,
auch ich habe gehört.
Nun schließe den Himmel
nicht wieder zu.

8. *Thematischer Impuls*

Wenn wir die Engel betrachten, die über der Weihnachtskrippe
jubilieren, oder die Putten, die die Barockzeit überall in den Kirchen platziert, dann spüren wir etwas von der Leichtigkeit, die sie
ausstrahlen. Sie nehmen das Leben nicht so ernst wie wir. Sie
schweben und fliegen über manches hinweg, an dem wir uns fest-
beißen, das wir unter allen Umständen lösen möchten. Die Künst-
ler haben etwas von der Leichtigkeit der Engel verstanden, indem
sie sie entweder jugendlich oder sogar kindlich gemalt haben, ver-
spielt, innerlich frei und froh. Unter diesen vielen Engeln ist auch
der Engel der Leichtigkeit, der uns zugeordnet ist, damit er uns die
Schwere unseres Lebens nimmt und uns die Leichtigkeit des Seins
vermittelt. (vgl. Anselm Grün, 50 Engel für das Jahr, Freiburg 1997,
S. 72)

9. *Meditation*

Ob Weihnachten die Zeit der Engel ist, weiß ich nicht.
Aber die Lieder erzählen davon, die biblischen Geschichten
auch.

Ich will mit Ihnen ein paar Minuten über Engel nachdenken.

Dem Engel auf der Spur ...

Engel sind Grenzgänger.

Engel stehen in der Bibel immer im Weg, immer überraschend, meist so, dass es zum Fürchten ist.

Engel stehen am Tor zum Paradies.

Engel schützen den Traum vom Paradies.

Engel bewahren die Unschuld.

Engel bewahren den Menschen davor, die eigene Kindheit endgültig zu verspielen, die Heiterkeit, die absichtslose Zärtlichkeit.

Engel schützen Gottes Schöpfungsidee.

Schützen den Menschen vor sich selbst.

Engel bewachen den umfriedeten Raum.

Diesem Motiv werden Sie in der Bibel noch oft begegnen, wenn Sie sie nach Engeln befragen.

Engel sind Gottes Streitmacht, schützen seine Sphäre.

Und schützen damit auch den Menschen.

Er soll sich nicht übernehmen.

Engel lassen Gottes Atem auf der Haut spüren, ohne dass die Berührten von der Wucht Gottes erschlagen werden.

Sie lassen Spuren der Liebe zurück, Wärme in unserem Gesicht, ohne dass wir in Gottes Glut verbrennen.

Der Engel steht vor Josef, dem »betrogenen« Vater: Fürchte dich nicht, Maria, deine Frau zu dir zu nehmen; denn was sie empfangen hat, das ist vom Heiligen Geist. Und sie wird einen Sohn gebären, dem sollst du den Namen Jesus geben, denn er wird sein Volk retten von ihren Sünden.

Der Engel steht vor Maria, dem gutgläubigen Mädchen – wie überhaupt das fast einzig die »Jungfräulichkeit« ausmacht, dieses unbescholtene, unerfahrene, naive Ja.

Der Engel reißt die Hirten aus dem Schlaf: Fürchtet euch nicht! Siehe, ich verkündige euch große Freude, die allem Volk widerfahren wird; denn euch ist heute der Heiland geboren!

Der Engel reißt Josef aus dem Schlaf, der mit seiner Familie Schutz und Bleibe sucht: Steh auf, Josef, nimm das Kind und seine Mutter mit dir und flieh nach Ägypten.

Krisenzeit ist die Zeit der Engel.

Wenn ich mich an der Bibel orientiere, dann sind Engel Grenzgänger.

Engel kennen sich aus mit wunden Seelen.

Engel kennen sich aus mit Gottes Liebe.

Engel kennen sich aus mit menschlichen Schleichwegen.

Engel kommen uns auf die Schliche.

Engel sind Grenzgänger.

Engel in der Bibel führen kein Eigenleben.

Sie erschöpfen sich im Auftrag.

Kein Wunder, dass wir sie durchscheinend malen, transparent.

Sie haben in der Bibel kein Eigenleben.

Sie kommen. Sagen, was zu sagen ist.

Sie warnen, sie kündigen an, sie deuten, bringen vom Irrweg zurück auf den Weg.

Tragen menschliche Züge, haben Traumgestalt, sind uns flüchtig bekannt, sind uns weitläufig verwandt.

Sie wehren und warnen. Sie schützen und heilen.

Aber sie haben kein Leben in dem Sinn, dass sie Geschöpfe mit eigener Natur, eigener Identität wären.

Auch wenn in der Bibel Engel mit Namen genannt werden, es handelt sich bei den biblischen Engeln nicht um überirdische Individuen, eher um Rollen, Funktionen. Wichtige Funktionen an der Grenze zwischen Oben und Unten – denken Sie an das Hirtenfeld –, zwischen Drinnen und Draußen –, denken Sie an den Engel an der Pforte zum Paradies oder an Petrus im Gefängnis.

Engel künden Neuanfänge, Umbrüche. Engel, die Grenzgänger in Krisenzeiten.

Ich glaube nicht, dass hinter jeder Hausecke ein Engel steht, der den Schirm aufhält, wenn ein Dachziegel herunterfällt. Das ist kein Glaube, das ist Kitsch oder einfach albern.

Aber in der Bibel steht, dass Gott keinen allein lässt.

Vielleicht doch ein Schutzengel, ein Warn-Engel, ein Behüte-Engel, ein Vorbereitungs-Engel?

Das alte Kinder-Abendgebet kennt 14 Engel:

»Abends, wenn ich schlafen geh,

vierzehn Englein um mich stehn:

Zwei zu meiner Rechten.

Zwei zu meiner Linken.

Zwei zu meinen Häupten.

Zwei zu meinen Füßen.
Zweie, die mich decken.
Zweie, die mich wecken.
Und zweie, die mich weisen
in himmlische Paradeisen.«

Gibt es also doch solche Zwischenwesen zwischen Gott und Mensch?

Boten Gottes, die kommen, und kaum sind sie da und haben gesagt oder getan, was zu tun oder zu sagen ist, sind sie auch schon wieder weg.

Eigenartig: Die Spur der Engel verliert sich schnell, wie Spuren im Neuschnee oder Spuren am Strand.

Du willst »danke« sagen oder »halt, warte«, doch der Engel ist schon wieder weg.

Du denkst kurz nach und willst »aber« sagen, doch der Engel ist schon wieder weg.

Der Engel ist nicht ein Halbmensch oder ein Übermensch.

Der Engel ist das lebendige Wort Gottes an deiner Seite. Ein Leben lang.

Gottes lebendiges Wort an deiner Seite.

Es wird dir gesagt, und dann musst du es behalten.

Die Spur des Engels führt zu dir selbst.

Du trägst ihn in dir als gehörtes Wort Gottes.

Der Engel hat Spuren in dir hinterlassen:

Warnungen, Liebesbeweise, Ratschläge, Wahrheiten, Hinweise, Freisprüche, Begnadigungen, Hilfsangebote, Bitten, Lobgesänge und Klagen, Überlebensstrategien und Entschuldigungen, Umwege und Landkarten.

Da waren Engel auch in deinem Leben.

Und die vielen Gebete, die du nicht kennst.

Die guten Wünsche und die offenen Türen und die ehrlichen Warnungen.

Engel.

An den Netzen, die uns auffangen, haben viele geflochten.

Die Wege, die wir gehen, sind viele vor uns auf und ab gegangen.

Die Häuser, die uns bergen, haben viele wohnlich gemacht.

Ja, ich glaube an Engel. Ich kenne meine Grenzen.

Ich sehe die Welt mit offenen Augen.
Und ich höre Gottes Wort mit offenen Ohren.
Deshalb glaube ich an Engel.
Engel schlagen an den Grenzen unseres Lebens Brücken, sagt die
Bibel.
Manchmal sperren Engel auch Brücken.
Manchmal begegnen uns an unseren Grenzen Engel,
damit wir uns nicht verlaufen.
Die biblische Rede von Engeln hat dann einen Sinn, wenn es den
Ort Gottes wirklich gibt.
»Utopie« ist Griechisch.
Ou topos heißt »kein Ort«.
Etwas, was keinen Ort hat, das ist Utopie.
Frieden, verlässliche Liebe, geschützte Räume, eine Antwort auf
den Tod.
Wir Christen sagen, Jesus Christus sei der Ort Gottes. Das Sensi-
belste. Das Herz.
Die biblische Rede von Engeln hat dann einen Sinn, wenn es den
Ort Gottes wirklich gibt.

Die biblische Rede von Engeln
– das ist das Zweite –
hat dann einen Sinn,
wenn unter der Brücke und unter dem Wasser die beiden Ufer
längst miteinander verbunden sind.
Drinnen und Draußen,
Oben und Unten.
Himmel und Erde.
Gott und Mensch.
Unter der Oberfläche längst eins.
Unter der Haut – längst eins.

Wir Christen sagen, das sei so.

10. *Wort auf den Weg*

Es ist keine Utopie.
Du hast richtig gehört:
Der Heiland ist geboren.

Ehre sei Gott in der Höhe.
Den Menschen Frieden.

Es ist kein Traum.
Du hast richtig gesehen.
Licht im Dunkel.
Ehre sei Gott in der Höhe.
Den Menschen Frieden.

Es ist Wirklichkeit.
Gott ist da.
Unter uns.
In dir.
Die Engel sind Zeugen.
Die Hirten sind Zeugen.
Und du auch.

Hören, sehen, schweigen, bleiben

1. *Raum*

   Der Kirchenraum ist so ausgestaltet, wie ihn die Gemeinde in den
   Weihnachtstagen kennt.
   Besondere Stationen sind nicht vorgesehen.

2. *Symbol*

   Kein Symbol

3. *Ankommen, Bleiben und Gehen gestalten*

   Keine Besonderheit

4. *Liedvorschläge*

   Zu Bethlehem geboren (EG 32)
   Ich steh an deiner Krippen hier (EG 37)
   Stille Nacht (EG 46)
   Still, still, still, weil's Kindlein schlafen will

5. *Stille*

   Erste strukturierte Stille:
   Es ist gute Zeit.
   Christus ist geboren.
   Wir haben uns eingestellt auf freudige Stille.
   Wir haben gehört: Gott ist da.

   Und wo bist du?
   Wo bist du?
   Du hast jetzt in der Stille Zeit, darüber nachzudenken.
   Es geht nicht um eine Bilanz.
   Es geht um eine Einladung.
   Sage Gott, wo er dich finden kann.

Zweite strukturierte Stille:
Sehen, hören, schweigen, bleiben.
Gibt es einen Ort, an dem du bleiben möchtest?
Nicht nur für den Augenblick.
Auch nicht für die Ewigkeit.
Aber über den Horizont des Tages,
über das Jahr hinaus.

Über die Nacht und den Morgen,
über das Jahr hinaus
möchte Gott in dir bleiben.
Ob du das – jetzt – spürst?

6. *Biblische Texte*

Psalm 2 (Du bist mein Sohn)
Psalm 131 (Wie ein gestilltes Kind bei seiner Mutter)
Lukas 2,1–20 (Geburt Jesu)
Sacharja 2,14–17 (Freue dich, Tochter Zion)
1. Johannes 3,1–6 (Die Herrlichkeit der Gotteskindschaft)

7. *Gebete*

Eingangsgebet:
Ich bin da.
Du bist da.
Wir sind da, weil du da bist,
Jesus Christus,
Heiland,
Licht der Welt,
Licht in meinem kleinen Haus,
der Hütte, dem schwachen, windanfälligen Zelt.
Du bist da.
Deshalb bin ich hier.
Möchte die Kraft spüren,
das Licht sehen,
die Klänge hören,
die Worte vom Frieden auf Erden.
Du kommst zur Welt.

Komm auch zu mir.

Ausgangsgebet:
Guter Gott, lass mich die Hände in den Schoß legen.
Nimm du meine Pläne aus meinen Händen.
Lass mich die Hände in den Schoß legen.
Nimm jede Absicht aus meinem Sinn.

Alles Fleisch ist stille vor Gott.
Er hat sich aufgemacht von seiner heiligen Stätte.
Lass mich dir danken.
Du hast dich aufgemacht von deiner heiligen Stätte.
Du kommst und bleibst.
Ehre sei Gott in der Höhe.
Ehre sei Gott in der Tiefe.
Ehre sei Gott unter allem Geschaffenen.
Ehre sei Gott zu aller Zeit.
Ehre sei Gott.

8. *Thematischer Impuls*

Wenn du, armer Mensch, Weihnachten feierst, dann sag zu allem, was da ist und was du bist, nur das eine – sag es mir: Du bist da. Du bist gekommen. Du bist in alles gekommen. Selbst in meine Seele. Selbst hinter den Trotz meiner Bosheit, die sich nicht verzeihen lassen will. Mensch, sag nur das eine, dann ist auch für dich Weihnachten, sag nur: Du bist da. Nein, sag nichts. Ich bin da. Und meine Liebe ist seitdem unbesieglich. Ich bin da. Es ist Weihnachten. Zündet die Kerzen an. Sie haben mehr Recht als alle Finsternis. Es ist Weihnacht, die bleibt in Ewigkeit. (vgl. Karl Rahner, Das große Kirchenjahr, hg. A. Raffelt, Freiburg 1987, S. 83 f.)

9. *Meditation*

Nur wenige eigene Worte.
Die Stille dieser Nacht ist gefüllt mit Klängen.
Die Dunkelheit dieser Nacht ist erfüllt von Licht.
Wir bilden das nach mit unseren Liedern.
Wir bilden das nach mit Kerzen und Herrnhuter Sternen.

Aber was sind die schönen Klänge und die schönen Lichter, wenn wir nicht aus uns selbst heraus klingen. Wenn wir nicht aus uns selbst heraus leuchten.

Das macht Gott.

Wir haben mit den Hirten gehört:

Uns ist der Heiland geboren. Allem Volk zur Freude.

Frieden für Freund und Feind.

Wir haben mit den Königen gesehen:

Das Kind ist von Gott. Auch wir sind von Gott.

Am Jordan wird Gott sagen: Siehe, das ist mein lieber Sohn, an dem ich Wohlgefallen habe.

Der erste Johannesbrief sagt es: Auch wir sind Kinder Gottes.

Wir heißen nicht nur so. Wir sind es auch.

Wir haben mit Hirten und Königen gehört und gesehen.

Vielen ist Hören und Sehen vergangen.

Sie sind unterwegs, wie das Kind kurz nach seiner Geburt schon wieder unterwegs ist.

Der Engel sagt nicht: Josef, bleib', ruh dich aus, du, deine junge Frau und dein Kind.

Er sagt: Josef, steh auf, flieh', das Leben des Kindes ist bedroht.

Vielen ist Hören und Sehen vergangen.

Sie kennen nur einen Weg:

Weg von hier, weg von der Gefahr, weg von der Angst.

In diese Welt hinein wird Gott geboren.

In meine Angst hinein wird Gott geboren.

In deine Kränkungen und Krankheiten hinein.

Ich lag in tiefster Todesnacht, du wurdest meine Sonne.

Es ist viel Ernst um die Krippe, um dieses Kind.

Und deshalb, weil es Gott ernst ist,

ist das, was geschieht, für uns ein Segen.

Gott bleibt.

Siehe, sagt Jesus, ich bin bei euch alle Tage, bis an der Welt Ende.

Und dann, so möchten wir hinzufügen, schlägt Gott ein neues Kapitel auf, um das es uns nicht bange sein muss.

Jetzt ist Gott da.

Hier. In dir. In mir.

In diesem Licht. In seinem Wort.

In Brot und Wein.
In deinen manchmal müden Augen.
In deinen abgearbeiteten Händen.
In deinem unaufgeräumten Herzen.
In deiner unerfüllten Liebe.
In deiner Sehnsucht nach Zärtlichkeit.
In deiner Hoffnung auf gute Nachricht.
In deiner wunden Seele ist Gott und sagt: Ich bleibe.

Was bleibt einem Menschen, der gefunden hat, was er so lange suchte?
Wenn nach langem Krieg die Waffen schweigen,
wenn nach beschwerlichem Aufstieg der Gipfel des Berges erreicht ist,
wenn am Abend gegen Westen die Menschen am Meer stehen und sehen,
wie die Sonne ein Wunder nach dem anderen an den Horizont malt,
wenn das Kind, das du neun Monate im Leib getragen hast,
nun lebt, atmet, auf deinem Schoß liegt,
wenn der Mensch, den du liebst, endlich bei dir ist,
wenn der Sturm vorbei ist,
die Operation gelungen, die Prognosen auf Leben stehen,
dann gibt es keine Freudentänze, keinen lauten Jubel,
dann kehrt Ruhe ein.
Schweigen.
Stille ist die Antwort des Menschen, der zu Hause ist.
Schweigen ist die Antwort, wenn Gott geredet hat.
Vielleicht ein leises Danke.
Nun aber lege die Hände in den Schoß.
Es ist Großes geschehen.
Lass es wirken in dir.
Lass es wachsen in dir.
Lass es gut sein.

Es ist eines, zu sagen: Geh.
Es ist etwas anderes, zu sagen:
Geh mit Gottes Segen.
Das Kind leuchte deinem Weg

Heiterkeit und Wärme.
Die Engel leuchten deinem Weg
Klarheit und Ziel.
Die Hirten mögen deinen Weg umfrieden
und Acht haben auf falsche Schritte,
warnen vor Überschwang und Gefahr.
Die Könige mögen dir den Stern weisen,
dein Licht, die Freude deines Lebens,
die Erkenntnis und die Antwort.
Und du selbst trägst ein Licht in dir.
Lass es nicht erlöschen.
Es leuchtet dir und anderen den Weg.
Du bist getauft.
Du bist berufen.
Du bist ein Kind Gottes.
Du bist ein Segen.

10. *Wort auf den Weg*

Das Licht der Kerzen spiegelt sich in deinen Augen.
Die Liebe Gottes strahlt aus deinem Gesicht.
Erleichtert richtest du dich auf:
Da ist nicht nur »etwas dran«.
Du bist ihm begegnet.
Das bleibt.
Wahrheit macht frei.
Du bist ein Bild Gottes.
Christus ist geboren.
Du bist ein Ort Gottes.
Christus wohnt in dir.
Auch du bist im Licht.

Geheimnis des Glaubens

1. *Instrumentalmusik/Orgelvorspiel*

2. *Lied EG 46,1–3 (Stille Nacht)*

3. *Votum, Gruß, Begrüßung*

4. *Philipper 2,5ff. (Christuspsalm)*

5. *Lied EG 181.6 (Laudate omnes gentes)*

6. *Gebet:*
   Es liegt ein Glanz über dieser Nacht.
   Es ist dein Glanz, Gott.
   Es ist dein Glanz, Jesus Christus.

   Aus der Fülle des Lichts
   ein Schimmer auch für uns.
   Aus der Quelle des Lebens
   ein Tropfen auch für uns.
   Aus dem Klang der himmlischen Heerscharen
   ein kleiner Melodienbogen auch für uns.

   Wir zählen in klaren Nächten
   die Sterne, über die schon Abraham staunte.
   Wir stehen am Abend eines Tages am Meer und stellen die gleichen
   Fragen nach Woher und Wohin, wie sie schon die Beter der Psal-
   men stellten.

   Wir fassen es nicht.
   Nicht das Licht.
   Nicht das Meer.
   Nicht den Klang der Welt.

   Du durchbrichst diese unendliche Weite, Gott.
   Begreifbar, spürbar, hörbar kommst du zu uns in Jesus Christus,

weil anders als menschlich wir Menschen dich nicht fassen können.

Nun ist Nacht nicht mehr nur Finsternis.
Sie ist durchleuchtet von deinem Glanz.
Dir, Gott, sei Dank.

7. *Stille*

8. *Lied EG 56,1.2 (Weil Gott in tiefster Nacht erschienen)*

9. *Jesaja 9,1–6*

10. *Lied EG 45,1.3 (Herbei, o ihr Gläub'gen)*

11. *Lukas 2,1–14*

12. *Lied EG 37,1–9 (Ich steh an deiner Krippen hier)*

13. *Predigt: Johannes 1*

Es bleibt ein Geheimnis, was in jener Nacht geschah. Trotz der vertrauten Weihnachtsgeschichte aus dem Lukasevangelium bleibt es ein Geheimnis. So wie es ein Geheimnis bleibt, warum Gott Mensch werden soll, gerade Mensch.
In einer Legende legen die Engel Protest ein gegen den nochmaligen Versuch mit den Menschen. Es reicht jetzt. Das mit den Menschen ist doch immer wieder gescheitert. Der Erzengel Gabriel verteidigt Gott in dieser Legende gegen die Vorwürfe und sagt: »Dieses Kind wird die Art der Menschen besitzen, nicht aber ihre Unart.« Doch immer noch regt sich Widerstand. Da erzählt Gabriel: »Ich habe Gott gesehen. Seine Augen leuchteten vor Freude, und die ganze Menschheit spiegelte sich darin, als er ans Werk ging. Kann ich euch da eine andere Antwort geben?«
Gottes Augen leuchteten vor Freude, erzählt die Geschichte. Man kann sich das eigentlich gar nicht vorstellen, nach all dem, was danach mit diesem Kind geschah. Und was heute noch mit Kindern geschieht.

Es bleibt ein Geheimnis, was in jener Nacht geschah. So wie es ein Geheimnis bleibt, wie Gott Mensch werden soll, gerade Mensch. Im Anfang war das Wort – in ihm wohnte das Leben – das Wort ward Fleisch – wohnte unter uns – wir sahen seine Herrlichkeit. Er war in der Welt – er wurde nicht erkannt – er wurde nicht aufgenommen. Menschliche Worte versuchen, ein Geheimnis zu erspüren, nicht zu lüften. Der Evangelist Johannes geht sorgsam um mit der Blöße, die sich Gott gibt in diesem Kind, in diesem verletzlichen Licht.

Es muss etwas Gutes sein, wenn Kinderaugen leuchten. Es muss etwas Gutes sein, wenn Waffen für Stunden schweigen, Glocken läuten und Kerzen wärmen. Es muss etwas Gutes sein, wenn Große wünschen, wieder klein zu sein, und nicht wenige weinen. Wie nötig sind diese Tränen, die wir uns so selten gönnen. Es muss etwas Gutes sein, wenn Wildfremde sich gegenseitig eine gesegnete Zeit wünschen.

Das Gute bleibt ein Geheimnis, verborgen, nicht erkannt, nicht aufgenommen. Zu schnell die Ernüchterung. Mir sagte kürzlich eine Frau: »An Heiligabend nehme ich eine Valium 20 und schlafe durch.« Sie hat Angst vor dem Alleinsein, vor der Ernüchterung. Das begann schon bei vielen noch heute vor acht, als das häusliche Warenhaus unter dem Christbaum sich öffnete.

Ich stelle mir einen 8-jährigen Yannik oder Peter vor, der einen Brief schreibt an den Präsidenten:

»Lieber Präsident«, schreibt er vielleicht, »lieber Präsident, du kommst so oft im Fernsehen. Und dann muss das auch stimmen, was du sagst. Bitte, hilf mir. Meine Freunde sagen, es gäbe kein Christkind. Sie lachen mich aus, aber ich glaube ein bisschen daran. Was ist nun richtig? Dein Yannik oder Peter.«

Ja, was ist nun richtig? Was geht uns Erwachsenen da alles durch den Kopf.

Ich würde tauschen. Könnte ich nur in manchen Dingen wieder staunen, mit so großen Augen wie meine Kinder staunten, als sie noch kleiner waren. Gelöste Geheimnisse sind langweilig. Ich kann über Gott tausend richtige Sachen sagen, und sie enthalten nicht ein Körnchen Wahrheit. Das hängt an dem, was das Johannesevangelium meint mit »Fleisch werden«.

Was es heißt, wenn Götzen Fleisch werden, das sehen wir tagtäglich. Was es heißt, wenn das Wort Gottes Fleisch wird, das bleibt ein Geheimnis.

Ich wünschte mir einen Präsidenten, der Folgendes zurückschreibt: »Lieber Yannik oder Peter, deine Freunde haben nicht recht. Sie leiden an einer schlimmen Krankheit, die sie jetzt noch gar nicht bemerken. Es ist ein Leiden der Seele. Pass auf, dass sie dich nicht anstecken. Wir Erwachsene nennen diese Krankheit ›Herzensarmut‹. Wer daran leidet, glaubt nur, was er sieht. Weißt du, wer alles beweisen will, hat Angst. Wer einem Ehrlichen nachspioniert, verliert einen Freund. Man kann nicht alles erklären. Wir Menschen können nicht alles begreifen. Das wäre unser Ende und nicht der Anfang.

Aber wenn ich ehrlich bin, Yannik oder Peter, müsste ich dir sagen: Ich bin ein Feigling. Denn im Fernsehen würde ich das nicht alles sagen, was ich dir jetzt schreibe. Ich hoffe, du verstehst mich eines Tages. Und noch wichtiger ist: Lerne Geheimnisse lieben und halte Fragen offen. Liebe Grüße, dein Präsident.«

Wie das ist, wenn Götzen Mensch werden, das erleben wir tagtäglich. Dann wird ein Mensch beurteilt nach seiner Arbeitsfähigkeit oder nach seiner Rasse. Wenn Götzen Mensch werden, lassen Kinder an Heiligabend Eltern bezahlen für versäumte Liebe. Wenn Götzen Mensch werden, bleibt jeder sich selbst der Nächste.

Wie das ist, wenn Gott Mensch wird? Wir Erwachsene wollen immer schon vorher wissen, was auf Gottes Gabentisch liegt. Ein Christkind, ein Kind-Gott, so ein kleiner Wurm, der in die Windeln macht und die Eltern dreimal in der Nacht aus dem Schlaf weckt, also so etwas suchen wir nicht auf dem Gabentisch Gottes für uns und für die Welt.

Ich glaube, es sind die wunden Seelen, die am ehesten in der Lage sind, das Geheimnis der Menschwerdung Gottes zu erleben. Weil sie warten, weil sie arm, verwaist und elend sind. Weil sie nach einem Strohhalm greifen. Für wunde Seelen ist es ganz schwierig, zu vertrauen. Aber wenn sie vertrauen, dann ist es tief. Das führt zur Heilung. Die Heilungsgeschichten der Bibel erzählen uns von wunden Menschen, von wunden Seelen. Sie kommentieren die Heilung nicht, indem sie sagen: Vitamin E oder die Arznei oder der Arzt hat dir geholfen. Sie kommentieren: Dein Glaube hat dir geholfen.

Im gläubigen Annehmen der Hilfe Gottes wird Gott heute immer noch Mensch. Und doch bleibt auch dies ein Geheimnis. Wer dies Geheimnis lüften will, kann ihm nicht begegnen. Ich möchte selbst als Mensch nicht verrechnet, entblößt, begriffen und benutzt werden. Ich möchte nicht als Frage für die anderen erledigt sein, abgehakt. Wenn mich einer begriffen hat, hat er mich in der Hand. Ich möchte nicht, dass es mir so geht. Wenn also ein Geheimnis zum Menschsein dazugehört, wie erst recht zu Gott, zu dem Kind in der Krippe, zu den Engeln und zu diesem Licht.

Es ist kein Widerspruch, wenn das Johannesevangelium einerseits sagt: »die Seinen nahmen ihn nicht auf.« – Und andererseits sagt: »Wir sahen seine Herrlichkeit.«

Es ist beides richtig. Wir wehren uns dagegen, dass Gott Mensch wird. Wir meinen immer noch, mit der Menschwerdung der Götzen führen wir besser. Das ist uns vertrauter. Und doch spüren wir an den weichen Stellen unserer Seele, wie die geheimnisvolle Wahrheit dieser Nacht uns guttut.

Oder was ist es, was uns an Heiligabend doch immer wieder zusammenführt, als große Gemeinde in einer eigenartigen Stimmung, eine Mischung aus Fröhlichkeit und Ernst, Gefasstheit und Spannung. Ich glaube, es sind die offenen Fragen, die Sehnsucht. Wenn wir alle Geheimnisse gelöst hätten, säßen wir vor einer großen Leere.

Wir können die Botschaft der Heiligen Nacht übersetzen. Das Licht und die Herrlichkeit übersetzen wir mit der Wärme von Kerzen. Das Geschenk der Liebe übersetzen wir mit unseren lieb gemeinten Geschenken. Die Botschaft der Engel übersetzen wir mit unseren wunderschönen Weihnachtsliedern. Aber dieses Übersetzen ist nur ein Herantasten. Der Schlüssel zu diesem Geheimnis ist auch der Schlüssel zum Geheimnis unseres Lebens.

Es ist sehr schwierig, sehr sensibel, sich in einen anderen Menschen hineinzudenken; so, dass ich an mir selbst spüre, was ich bei ihm anrichte. Das, was Gott mit dem Menschen macht: ganz der andere werden. Das machen so wenige Menschen. Ich weiß nicht, woran es liegt. Vielleicht bin ich selbst etwas verletzlicher geworden. Ich spüre Kälte und Hektik, Oberflächlichkeit und Kalkulation. Und eine immer dickere Haut. Oder tun wir nur so? Ach, es ist alles so richtig, was wir tun. So gut und so akkurat. Aber so selten wirklich Herz an Herz.

Ich habe in diesem Jahr wieder viele Menschen kennengelernt, um es mit den Worten von Bonhoeffer zu sagen: Menschen mit »aufgeschreckten Seelen«. Irgendwo las ich auch einmal »aufgescheuchte Seelen«. Das hat sich mir tief eingeprägt: »aufgescheuchte Seelen«. Das sind die Hirten auf den Feldern von Bethlehem. Aufgescheucht, erschrocken.

»Fürchtet euch nicht!« Sagt der Engel.

Ich bin in diesem Jahr auch Menschen begegnet, die sich aufhalten ließen von den Fragen anderer. Ich bin nicht vielen begegnet, aber immerhin einige gab es, die geblieben sind und aushielten bei den Aufgescheuchten. Das scheint immer schwieriger zu werden. Und gleichzeitig immer nötiger. Menschen, die bleiben und aushalten. Das sind die Engel. Fürchtet euch nicht!

Engel und Hirten sind wunderbare Rollen, wenn wir uns schon den Abstieg in den Stall zumuten. Menschen, aufgescheucht, erschrocken, entsetzt, und Menschen, die aushalten, die bleiben und lieben.

Die einen erzählen von diesem Wunder, dass Gott Mensch wird, und die anderen danken, beten und gehen zurück. Die Engel stellen den Hirten keine Himmelsleiter hin, damit sie direkt durchstarten können ins Paradies. Eine gute Nachricht, ein Lied aus den Himmeln, ein bisschen Licht auf dem Weg. Ein Kind, eine Mutter, ein Vater, Stall und Windeln.

Das waren Worte, die die Hirten verstanden. Und sie machten sich auf den Weg.

Und dann, als sie gesehen und gehört haben, kehren sie um und erzählen davon, zur Verwunderung der anderen. Sie treten das Geheimnis nicht breit. Sie diskutieren nicht über die Wirksamkeit dieser göttlichen Friedenserklärung. Sie werden auch nicht größenwahnsinnig.

Sie behaupten nicht, alle anderen seien blind. Sie werfen auch nicht die göttliche Armseligkeit in Blattgold getaucht auf den Markt. Sie wundern sich. Sie trauen dem göttlichen Frieden, erzählen davon. Und gehen wieder an ihre Arbeit. Diese einfachen Menschen können mit einem Geheimnis leben. Es reicht, dass sie wissen: Das Geheimnis dieser Nacht tut ihnen gut. Weil Gott Mensch wird, meint er es gut mit den Menschen.

Keine ihrer Namen sind überliefert. Und doch sind die Hirten, sind die Menschen, die Heilung suchen, vom Geheimnis dieser Nacht nicht wegzudenken. Sie spüren, was es bedeutet: Der Heiland ist geboren. Gott meint es gut mit uns. Geheimnis des Glaubens.

14. *Lied EG 30,1–3 (Es ist ein Ros entsprungen)*

15. *Fürbittengebet (mit gesungenem »Herr, erbarme dich/Kyrie eleison)*

Lasst uns beten für die im Dunkeln,
die kein Land sehen
und keinen Schimmer Hoffnung haben,
die sich um sich selbst drehen,
am liebsten vom Erdboden verschwinden würden.

Kyrie eleison

Lasst uns beten für die, denen unsere harte Welt die Arbeit genommen hat,
für die sie keine Wohnung hat,
kein gutes Wort und keinen Weg.
Für die, die im Stillen leiden,
denen es die Sprache verschlagen hat,
die trauern.

Kyrie eleison

Lasst uns beten für die Kranken zu Hause
und in den Krankenhäusern,
für die Heimatlosen und Ruhelosen,
für die Menschen unterwegs und auf der Flucht.

Kyrie eleison

Lasst uns beten für die Menschen in den Kriegsgebieten.
Für die Hungernden, Flüchtenden, Vertriebenen in vielen Ländern.

Lasst uns beten für die Schuldigen
an Hunger und Krieg, an Elend und Not.
Lasst uns beten für den Frieden auf der Erde.

Kyrie eleison

Stille

Meine Seele ist still und ruhig geworden wie ein kleines Kind bei seiner Mutter; wie ein kleines Kind, so ist meine Seele in mir.

16. *Vater unser*

17. *Friedensgruß*

18. *Lied EG 49,1–3 (Der Heiland ist geboren)*

19. *Kurze Segensmeditation[1]:*

Wenn wir jetzt auseinandergehen,

sprich mit deinen Füßen,
sie mögen nichts überstürzen.
Sprich mit deinen Händen,
sie mögen sanft sein und voller Geduld.
Sprich mit deinem Herzen,
es möge sein Maß finden und bleiben.
Sprich mit deinen Augen,
sie mögen dich nicht verführen und blenden.
Sprich mit deinen Ohren,
sie mögen dich weiten, in die Tiefe dringen.
Sprich mit deiner Nase,
sie möge sich zurückhalten im Urteil.
Sprich mit deinen Gedanken,
sie mögen leicht werden, gelassen und heiter.
Sprich mit deiner Seele,
sie möge sich erholen in Gott.

20. *So segne und behüte dich der allmächtige und barmherzige Gott, Vater, Sohn und Heiliger Geist.*

21. *Instrumentalmusik/Orgelnachspiel*

---

1. Gerhard Engelsberger, Gebete für den Gottesdienst, © Kreuz Verlag, Stuttgart 2002, S. 238

Musikalisch geprägte
Gottesdienste

Gerne musizieren Posaunenchöre, Flötenkreise, Streichquartette und andere Instrumentalgruppen in der Adventszeit. Chöre singen alte und neue Advents- und Weihnachtslieder.

Wo immer in den folgenden Gottesdiensten »Instrumentalmusik/ Chor« steht, sind die musikalisch ausgerichteten Gruppen vor Ort gemeint. Ich verzichte auf die Angabe von Werken oder Liedern. Die Leiter der Chöre und Instrumentalgruppen wählen die entsprechende Literatur.

In der Christusgemeinde in Wiesloch hat es sich als Glücksfall erwiesen, dass ein emeritierter Kollege zweimal im Jahr, einmal davon in der Adventszeit, zu einem »Gemeindeorchester« einlädt. Er schreibt oder organisiert einfachste Sätze von Gesangbuchliedern, die mit Geigen, Flöten, Akkordeon, Posaune, Gitarren, Celli – eben mit allen von Gemeindegliedern gespielten Instrumenten gespielt werden. Das »Gemeindeorchester« spielt damit jedes Mal in anderer Besetzung – aber immer begeistert und zur Freude der Gemeinde. Stimmen der Instrumente und Probe eine Stunde vor dem Gottesdienst – wahrhaft ein Gemeindeorchester aus Amateuren.

Hört, der Engel helle Lieder

1. *Instrumentalvorspiel*

2. *Lied EG 11,1.2 (Wie soll ich dich empfangen)*

3. *Votum, Begrüßung*

4. *Psalm 85 (EG BEL 743)*

5. *Instrumentalmusik*

6. *Jochen Kleppers segnender Engel: Christus*

    Engel haben, so wünschte ich mir, hauptsächlich die Aufgabe, zu sagen »Fürchte dich nicht!«
    Das sagen sie ja auch oft in der Bibel. Aber der Einwand ist berechtigt: da gibt es auch solche, die sagen »Nein!« oder »Halt!« oder »Ende!«.
    Wenn wir in diesem Gottesdienst auf den Spuren von Engeln zu gehen versuchen, dann werden wir spüren, auf welch leichtem Untergrund wir uns bewegen. Wir werden zurückschauen, und keinen Fußabdruck sehen. Wir schauen nach links und rechts, und finden bestenfalls die Augen unseres Nachbarn.
    Am schlimmsten scheint es mir, wenn einer seinen Engel verloren hat. Wenn er seinem Engel hinterherrennt auf dunklen, leeren Straßen oder in kalten, einsamen Räumen oder mitten in einer lärmenden Menschenmenge.
    Wenn einer leer, zerrissen, gespalten und gehetzt seine Mitte sucht. Es ist Jochen Klepper, an den ich mich dabei immer wieder erinnere. Er starb mit Frau und Kind in den Adventstagen 1942, mit dem Blick auf einen gotischen segnenden Christus, eine Figur, die er noch wenige Wochen zuvor gekauft hatte. So, als ob einer seinen Engel, seinen Christus, seine Mitte verloren hätte und sich an eine Gestalt außerhalb klammert.
    Ich weiß nicht, wo Sie in Ihrer Nacht Ihren Engel suchen. Und den Engel Ihrer Kinder. Und den Engel unserer Gemeinde. Und den

Engel der Schöpfung, des Windes, der Flüsse und der Wälder und der Tiere.

Ob man so reden darf?

Wissen Sie, das frage ich mich schon längere Zeit nicht mehr. Die Bibel ist da viel unkomplizierter. Und die Seele eines Menschen hat so viel zu erzählen.

Ich meine, das sei das Erste, was ein Mensch sucht und braucht: die Einheit. Die Einheit mit Gott. Die Einheit mit dem Anfang. Die Einheit mit dem Bild, das Gott sich von mir macht. Um diese Einheit – damit sie eins sind – zu schaffen, kommt der Christus, birgt mit seinen Händen, was zu zerfallen droht, bewahrt, beschützt, hält.

Der segnende Christus ist das erste Bild, das mir einfällt, wenn ich an Engel denke. Und er muss nicht außerhalb sein. Glücklich der, der ihn spürt.

Christus in mir. Christus in dir. So unkompliziert redet die Bibel. Und lädt ein, dass wir uns an diesem Engel ausrichten.

7. *Lied EG 16,1.2.5 (Die Nacht ist vorgedrungen)*

8. *Lukas 1,26–55*

9. *Instrumentalmusik*

10. *Elia und der Engel*

Elia – auf den die jüdische Gemeinde als Vorbote des Messias wartet, ihm symbolisch einen Platz bei der Sabbatfeier freihält –, Elia ist am Ende, fühlt sich als Versager, fühlt sich gescheitert, verantwortlich für den Tod anderer, will selbst sterben, als er seinem Engel begegnet. Im 1. Buch der Könige lesen wir:

1. Könige 19,2–8

11. *Lied EG (BEL) 643,1–3 (Fürchte dich nicht)*

12. *Warum singen Engel?*

Warum singen Engel? Warum um alles in der Welt sollen Engel singen? Täten sie nicht besser daran, zu klagen, zu schreien, zu stören.

Warum blast ihr in Trompeten und Posaunen, wenn draußen Kinder und Eltern mit einer Eiseskälte abgeschoben werden sollen? Wenn doch Menschen mit kalkuliertem Zynismus eingestellt und entlassen, entlassen und eingestellt werden, damit man ihnen kein Weihnachtsgeld zahlen muss. Wenn doch mitten in den Städten Menschen erfrieren und das Land stöhnt unter den Schritten erbarmungsloser Macher. Warum singen die Engel? Warum singen sie helle Lieder?

Und dann fiel mir ein: Wer soll denn dann überhaupt noch singen, wenn nicht die, die trotzig von der Wärme eines Stalles, von den Tränen eines Felsens, von der Fruchtbarkeit einer alten Frau, vom Regiment eines Kindes, von der Liebe Gottes erzählen?

Wer denn, wenn nicht wir, kann in seinem Auftrag die Klage in einen Reigen verwandeln?

Wer, wenn nicht wir, hat die Geduld, die Zeit, die Kraft zu helfen, zu sprechen, sich dazwischenzustellen und zu singen: »Laudate omnes gentes, laudate dominum«, oder »Fürchte dich nicht, gefangen in deiner Angst«.

Nicht die heile Welt der Schaufensterdekoration ist zu besingen. Zu besingen ist der sound in uns. Der Klang, der nicht aus uns selbst kommt und uns doch erfüllt. Zu besingen ist, dass Gott uns wert erachtet, Resonanzkörper seines Liedes zu sein.

Deshalb singen Engel. Engel sind der Gesang Gottes auf den Straßen und Plätzen, die erfüllt sind vom Lärm der Geschäftemacher und Verführer. Eine Schaufensterpuppe fühlt kein Lied in sich, aber ein Baum spürt seinen Klang, ein Tier kennt sein Lied, ein Mensch kann den Klang deuten, der ihn beruhigt, tröstet und einhalten lässt in seiner Depression. Engel singen von der Ehre Gottes, von seinem Glanz, von der Ohnmacht der Uhrzeiger, von der Begrenztheit der Diagnosen. Sie singen helle Lieder und machen unsere Seele hell, machen unsere Gedanken licht, zaubern aus Fäusten Hände und lenken unsere Ohren auf Gottes gültiges und bleibendes Ja.

13. *Lied EG 54,1–3 (Hört, der Engel helle Lieder)*

14. *Warum sind Engel leicht?*

Dann habe ich mich gefragt, warum sind Engel leicht? Warum malt man sie schwebend?

Steht nicht der Engel vor den Toren des Paradieses fest und unumstößlich, schwertbewaffnet?

Ist das nicht einfach ein Traumgebilde, dass wir uns selbst erheben wollen über die Schwere und die Erdigkeit, über all das, was uns nach unten zieht und bindet?

Es kommt ein Schiff, geladen bis an sein höchsten Bord, trägt Gottes Sohn voll Gnaden, des Vaters ewigs Wort.

Das Schiff geht still im Triebe, es trägt ein teure Last; das Segel ist die Liebe, der Heilig Geist der Mast.

Der Anker haft' auf Erden, da ist das Schiff am Land. Das Wort tut Fleisch uns werden, der Sohn ist uns gesandt.

Auch hier das Spiel zwischen Schwere und Leichtigkeit. Das Schiff, still im Triebe – auf Erden aber vor Anker.

Wenn in der Bibel Engel begegnen, dann tragen sie meist menschliche Züge, stehen mit beiden Füßen auf dem Boden, sind erdennah und tragen keine Schwebeflügel. Und doch träumt Jakob vom offenen Himmel, einer Leiter: »Und ihm träumte, und siehe, eine Leiter stand auf Erden, die rührte mit der Spitze an den Himmel, und siehe, die Engel Gottes stiegen daran auf und nieder«, heißt es im 1. Buch Mose. Als Jesus nach dem Johannesevangelium die ersten Jünger sammelt, begegnet ihm Nathanael. Er erkennt in ihm Gottes Sohn: »Rabbi, du bist Gottes Sohn, du bist der König von Israel! Jesus spricht zu ihm: Wahrlich, wahrlich, ich sage euch: Ihr werdet den Himmel offen sehen und die Engel Gottes hinauf- und herabfahren über dem Menschensohn.« (Johannes 1, 49ff.)

Engel sind Wesen des offenen Himmels. Ein Schiff ist geschaffen für das offene Meer, und doch ohne Hafen verloren, sinnlos. Engel – wenn man das so sagen darf – sind geschaffen für den offenen Himmel, und doch ohne Erde einsam, ziellos. Engel müssen stark sein. Engel müssen auch leicht sein, wenn sie all das offenhalten wollen, was nach unseren Vorstellungen in sich und für andere geschlossen ist: Erde und Himmel. Gott und Mensch.

Es ist doch eine Illusion, zu meinen, wir seien nicht eins. Erde und Meer, Erde und Himmel. Gott und Mensch.

Wahrlich, ich sage euch: Ihr werdet den Himmel offen sehen und die Engel Gottes hinauf- und herabfahren über dem Menschensohn.

Und das Schiff legt an, wirft seinen Anker, lässt sich nicht trennen von der Erde. Die Welt wird Gott nicht los. Anders ist es: Unter offenem Himmel wird die Welt erfüllt von Gottes Glanz, wird leicht, wird hell, wird neue Erde und neuer Himmel. Und der Durstige wird trinken aus der Quelle des Lebens, lebendiges Wasser, umsonst.

15. *Lied EG 8,1–4 (Es kommt ein Schiff, geladen)*

16. *Vater unser*

17. *Lied EG 7,1–4 (O Heiland, reiß die Himmel auf)*

18. *Engel, Tau und unsere Hoffnung*

Es gibt ein Bild, das die trockene Wüste frohlocken lässt, ein tröstliches, gutes Bild: »O Gott, ein' Tau vom Himmel gieß« dichtet der Jesuitenpater Friedrich Spee mitten im Dreißigjährigen Krieg. Beichtvater und Seelsorger von zum Tod verurteilten Frauen war er. Hat gegen den Hexenwahn und andere Verirrungen seiner Kirche geschrieben. Hat Pestkranken geholfen und hat sich dabei infiziert.
Der Tau als Symbol des Trostes.
Wenn Sie eine zarte Pflanze wären, würden Sie verstehen. Wenn Sie eine wunde Seele haben, werden Sie verstehen. Wenn auf Ihnen herumgetrampelt worden ist, gehackt, gegraben, gedüngt, gewässert, gezerrt und gezupft, wenn Sie mal gebunden, mal vergessen worden sind, werden Sie verstehen.
Gott ist wie der Tau nach brennender Hitze und langer Nacht. Kein Platzregen, kein Sturmwind, kein Gewittersturm, kein Hagelschauer. Dem allem sind wunde Seelen nicht mehr gewachsen.
Im Tau erheben sich die Pflanzen, richten sich auf, spüren die Zärtlichkeit kosmischer Liebe und die erdige, trotzige Hoffnung des Lebens.
Tau, ja, das ist Gott. Tau ist Jesus Christus. Balsam für die Wunden. »There is a balm in Gilead«, heißt es in einem Spiritual. »Es gibt Balsam in Gilead.« Es gibt einen Trost für Jakob. Da ist ein schwaches Reis in Bethlehem. Da ist ein frisch geschlagenes Kreuz in Jerusalem. Da ist ein leeres Grab an der Stadtmauer. Da ist ein

Engel, der sagt: Fürchte dich nicht, er ist auferstanden.

Da ist ein Tau ausgegossen aus der milden Tiefe Gottes, aus der verletzlichen Mitte des Kosmos, aus der Unendlichkeit des Kommens und Gehens – ein Tau. Und in mir grünt es. Mitten im Winter.

Ich spüre die Weite, richte mich auf und traue Gott zu, dass er dem schwachen Halm einen Tag schenkt in seinem Licht.

19. *Lied EG 454,1–6 (Auf und macht die Herzen weit)*

20. *Instrumentalmusik*

Mache dich auf und werde licht

1. *Orgelvorspiel*

2. *Lied EG 4,1–5 (Nun komm, der Heiden Heiland)*

3. *Votum*
   Gruß
   Begrüßung

4. *Psalm 126 (EG BEL 766)*

5. *Lied EG 15,1–4 (Tröstet, tröstet)*

6. *Gebet (Trostlied am Abend, Jochen Klepper):*[2]

   In jeder Nacht, die mich bedroht,
   ist immer noch ein Stern erschienen.
   Und fordert es, Herr, dein Gebot,
   so naht dein Engel, mir zu dienen.
   In welchen Nöten ich mich fand,
   du hast dein starkes Wort gesandt.

   Hat banger Zweifel mich gequält,
   hast du die Wahrheit nie entzogen.
   Dein großes Herz hat nicht gezählt,
   wie oft ich mich und dich betrogen.
   Du wusstest ja, was mir gebricht.
   Dein Wort bestand: Es werde Licht!

   Hat schwere Sorge mich bedrängt,
   ward deine Treue mir verheißen.
   Den Strauchelnden hast du gelenkt
   und wirst ihn stets vom Abgrund reißen.

---

2. Aus: Jochen Klepper, »Ziel der Zeit« – Die gesammelten Gedichte, Luther-Verlag Bielefeld, 7. Auflage 2003

Wann immer ich den Weg nicht sah:
dein Wort wies ihn. Das Ziel war nah.

In jeder Nacht, die mich umfängt,
darf ich in deine Arme fallen,
und du, der nichts als Liebe denkt,
wachst über mir, wachst über allen.
Du birgst mich in der Finsternis.
Dein Wort bleibt noch im Tod gewiss.

7. *Lied EG 16,1.3.4 (Die Nacht ist vorgedrungen)*

8. *Text 1: Warten auf Licht (Aus: Gerhard Engelsberger, Bilder vom Kom-*
    men Gottes, Evang. Presseverband Baden, Karlsruhe 1992, S. 163f.)

Vor Jahren hatte die Zahl 2000 fast mythischen Charakter ange-
nommen.
Seit 2000 Jahren Warten.
Hat er sich geirrt? Er hat doch versprochen, wiederzukommen zu
Lebzeiten seiner Jünger! Wo bleibst du, Trost der ganzen Welt? Ist
nicht genug Leid geschehen, haben sich die Menschen nicht deutlich genug auf ihrem Weg verfahren?
Wie lange reicht unser Öl? Die Jungfrauen hatten sich auf eine
kurze Nacht eingestellt. Mittlerweile sind 2000 Jahre ins Land gegangen, römischer Friede und Hunnensturm, romanische Basili-
ken und Betonkirchen, Hexenhammer und Judenpogrom, Colum-
bus und Gagarin, Darwin und Freud, Kirchenspaltungen und
ökumenische Gehversuche, Bonifatius und Lessing, Franz von As-
sisi und Rudolf Heß, Pferdefuhrwerk und Raumfähre, Pest, Peni-
cillin, Aids und BSE, 2000 Jahre, eine für ein Menschenleben un-
ermessliche Zeitspanne. Irgendwo dazwischen wir als Einzelne,
Staub oder bestenfalls Baustein, und doch immer Ton in der Hand
anderer. Wann endlich offenbart sich der Töpfer?
Wann endlich ist Liebe nicht mehr bedroht durch den Tod? Wann
endlich ist Arbeit nicht mehr entfremdet und Hunger ein Fremd-
wort? Wann endlich haben die Kriege ein Ende und die Friedfertig-
keit ihren Lohn? Wann endlich greift Er – in grenzenloser Liebe – all
Maßlosen und Unterdrückern in den Arm und sagt: So hatte ich es
nicht gemeint! Wann endlich blühen Rosen nicht nur einen Sommer,

werden Kinder nicht mehr geopfert für das Leben ihrer Eltern, stirbt die Nachtigall nicht am Gift des Kleingärtners?

Wann endlich kann ich meinen Kindern offen in die Augen blicken und sagen: Morgen. Morgen gewiss, so wie ich hier stehe und auf meine Liebe zu dir – morgen!

Wann endlich erfüllen sich unsere halbherzigen Gebete? 2000 Jahre Warten, und alle nahmen sie ihre Hoffnung mit ins Grab. Keiner, der wiedergekommen wäre, zu erzählen von erfüllter Zeit, von unendlicher Gerechtigkeit und einem Licht, das keinen Schatten wirft.

Es sind nicht nur die Fragen. Es ist auch die Müdigkeit. Es ist schon treffend beschrieben: Die Jünger schlafen ein im Garten Gethsemane. Die Brautjungfern schlafen ein über der Hochzeitseinladung.

Wie immer ich es drehe und wende:

Wir freuen uns aufs Fest und nicht auf Christi Kommen.

Wir warten auf Weihnachten und nicht auf den »Tag des Herrn«.

Wir freuen uns auf Geschenke und freie Tage, nicht auf das Ende der Verelendung.

Müdigkeit, das heißt mit anderen Worten: Im Ernst rechnet keiner zu seinen Lebzeiten mit dem Erscheinen Jesu. Alle haben wir uns auf ein Denkmodell eingestellt, das im Neuen Testament nur am Rand diskutiert wird: Mit dem Tod des Einzelnen entscheidet sich für ihn ganz allein, ob er »heute noch« mit Christus »im Paradiese« ist, als Freigesprochener und Gerechtfertigter, ob er es nun verdient hat oder nicht, oder ob er sich fatal geirrt hat. Was ist, wenn Jesus nicht nur zögert, sondern ausbleibt?

Wer glaubt, ging zu allen Zeiten ein Risiko ein.

Die Müdigkeit der Wartenden hat dazu geführt, dass sie sich eingerichtet haben. Der HERR, wenn er denn erschiene, käme unpassend, als Störenfried, eben wieder nur als der »Gott der anderen«, als den man ihn damals schon einmal gekreuzigt hat.

9. *Lied EG 7,1–5 (O Heiland, reiß die Himmel auf)*

10. *Text 2: Ein prall beladenes Schiff*

Ein prall beladenes Schiff. Beladen mit Leben und Lebenskraft vom Rumpf bis aufs Deck.

Da stehen sie an den Ufern der Länder, warten auf Leben, suchen den Horizont ab nach guter Nachricht, schalten zum wievielten Mal den Fernseher ein, gehen zum wievielten Mal an den Briefkasten in der Hoffnung auf gute Nachricht.

Ein prall beladenes Schiff.

Sie suchen nach Zeichen am Himmel, deuten die Sterne, legen die Karten, befragen die Kundigen.

Sie steigen auf Berge, sitzen Stunden an Stränden, durchwandern Wüsten und das ewige Eis.

Ein eigenartiges Volk, die Menschen.

Sie blättern in Katalogen und Webseiten. Sie befragen die Händler und Nachrichtensprecher.

Sie ahnen die Wahrheit und wollen sie nicht hören und sehen. Sie trauen eher den lauten Signalen, die ihre Ohren beleidigen und ihre Augen blind machen.

Eigenartige Wesen sind die Menschen. Hören und Sehen vergeht ihnen. Müde vom Lärm und erschlagen von Bildern, überfordert von Ansprüchen und gepeinigt von Selbstzweifeln gehen sie zu Bett und finden nicht einmal Ruhe im Schlaf.

Morgen wieder suchen sie nach Leben. Suchen Antworten im Lärm und Wege im Gewirr. Haben keine Augen für das Zarte und keinen Blick für das Unscheinbare. Haben kein Ohr für das Leise und keine Antenne für die innere Stimme. Haben keine Zeit für die Stille und keine Freude am Warten. Wollen haben, wollen werden. Suchen jetzt und gleich und hier die Befriedigung ihrer Wünsche.

Eigenartige Wesen sind die Menschen. Sie sterben, ohne gelebt zu haben. Ihr Blut pulsiert atemlos. Ihr Gehirn arbeitet ununterbrochen. Ihre Augen kommen nicht mehr mit. Selbst die Jungen bleiben auf der Strecke und meinen, sie hätten versagt.

Ein prall beladenes Schiff. Beladen mit Leben und Lebenskraft vom Rumpf bis aufs Deck.

In dir geht das Schiff an Land. In dir wird das Kind geboren oder verloren. In dir leuchtet das Licht oder es wird ausgelöscht. In dir kommt Gott zur Welt oder bleibt im Elend.

In dir ist Ruhe, Stille und – wie es die Alten sagen – Vergnügen, oder es herrscht der Lärm besetzter Plätze und die Armut voller Bäuche.

In dir findet Gott einen Platz, wo er mit der Fülle des Lebens anlegen kann – oder er muss andere Häfen anlaufen.

Noch meine ich, wir könnten es lernen, uns Zeit zu lassen für Gott.
Noch rede ich vom aufrechten Gang.
Das kommt mir in diesem Jahr nicht so einfach über die Lippen.
Da hat manches wehgetan.

Du musst Menschen enttäuschen, dich selbst enttäuschen, – aber eines Tages – ich bin mir gewiss – bist du unendlich frei und ruhig, siehst Maria durch den Dornenwald gehen, siehst das Schiff anlegen, hörst leuchtende Stimmen und bist dir deines Gottes gewiss.

Was kann einem Menschenleben mehr geschehen, als dessen gewiss zu sein: »Ich bin ein Ort Gottes.« Mehr als ein Ort Gottes kann ein Mensch nicht sein.

11. *EG 8,1–6 (Es kommt ein Schiff, geladen) (Chor und Gemeinde im Wechsel)*

12. *Text 3: Jes 60 und 61*

13. *Lied EG 420,1–5 (Brich mit den Hungrigen dein Brot)*

14. *Licht vom Licht*

In einer Woche an Heiligabend sind die Kirchen gut besucht. Die Menschen erwarten eine Stimme, die wohltuend herausragt aus dem Konzert der schrillen und schmerzenden Töne übers Jahr. Sie erwarten die Bestätigung, dass es mitten in der heillosen Welt um uns – und nicht selten auch in uns – doch noch einen Rest Glanz gibt, einen Rest Beständigkeit des Guten, herübergerettet aus unserer Kindheit, sorgsam gehütet schlechte Erfahrungen.
Warum sonst kaufen erwachsene Männer Weihnachtsbäume und bauen mit Kindern Eisenbahnen auf? Warum backen erwachsene Frauen Weihnachtsplätzchen? Warum kämen wir sonst zusammen, alte Lieder zu singen, eine alte Geschichte zu hören?
Warum lassen wir uns gerade diesen Termin im Jahr diktieren, um die Familienangehörigen zu besuchen, um Geschenke zu kaufen? Warum leben wir alle in den Familien, in den Behörden und Betrieben seit Wochen auf diesen Tag hin?
Und dann hören wir die alten Texte. Das Volk, das im Finstern wandelt, sieht ein großes Licht … Und es begab sich aber zu der

Zeit, dass ein Gebot von dem Kaiser Augustus ausging, dass alle Welt geschätzt würde …

Wir hören die Geschichte aus Bethlehem und werden ruhig dabei. Dabei haben wir doch sonst das Jahr über keine Antenne für Engel und keine Zeit für Landarbeiter. Haben allenfalls im Urlaub ein Staunen übrig für Sterne, und schon gar nicht das geringste Interesse an Königen, weder an neugeborenen noch an ausgewachsenen.

Dann singen wir die alten Lieder. O du fröhliche … Stille Nacht … Wir hören den und jenen singen, der das ganze Jahr über behauptet, er sei unmusikalisch.

Dieses Fest hat eine Tiefe, die nicht durch Kriege erschlagen und nicht durch Wohlstand verschüttet wird.

Dieses Fest führt zu Familienkrächen und Nervenzusammenbrüchen. Es beraubt unsern Geldbeutel und stellt unsere Beziehungen auf eine harte Probe.

Und trotzdem gehört dieses Fest zum Innersten, zum Sensibelsten, zum Echtesten, was wir mit uns tragen.

Sehnsucht nach Zärtlichkeit. Sehnsucht nach Licht.

Am schlimmsten ist dem Menschen wohl die Vorstellung, das Licht nicht mehr zu erblicken. Nur wer im Licht lebt, kann sich in der Welt umsehen, kann sich einrichten. Nur im Licht ist man frei. Im Finstern kann man auf Dauer nicht leben. Leben kann man im Licht.

Zum Volk der Juden, und über dieses Volk zur ganzen Menschheit, kommt aus der Quelle des Lebens – aus dem »Himmel«, der sich öffnet wie der Schoß einer Mutter –, kommt ein Kind, ein Mensch mit dem Gesicht Gottes. So wird es den elenden, die Himmelsrichtungen rauf und runter gejagten Juden verheißen. Ein Kind, ein Friedefürst. Licht vom Licht.

Erstaunlich ist: Diese Worte versprechen etwas, was so nicht eingetroffen ist. Sie sind dennoch nicht vergessen. Wir erwarten, dass eines Tages alles Licht sein wird.

Das macht mir Mut, jetzt schon über das gesellschaftliche Normalmaß hinaus dem Licht zu dienen. Ich lebe gewissermaßen auf Vorschuss. Ich setze mich ein für Frieden und für Recht, auf Vorschuss.

Ich tröste Trauernde und falle dem, der schlagen will, in den Arm, in der Erwartung, dass die Verhinderung von Gewalt eines Tages nicht mehr eine Sache der Zivilcourage sein wird, sondern der Normalfall.

Luciano de Crescenzo meint, Menschen seien Engel mit nur einem Flügel. Um fliegen zu können, müssten wir uns umarmen. Gott umarmt uns in diesem Kind. Und nimmt uns die Waffen aus der Seele. Dann ist endlich Licht, wenn die Seele keine Waffe mehr trägt. Dann wird sie leicht und kann fliegen. Lassen Sie sich umarmen von diesem Kind, dann werden Ihnen Flügel wachsen.

15. *Lied EG (BEL) 667 (Selig seid ihr)*

16. *Vater unser, Friedensgruß*

17. *Lied EG (BEL) 545 (Mach dich auf und werde licht)*

18. *Mitteilungen*

19. *Sendung und Segen*

Deine Seele sucht Ruhe.
Deine Seele sucht den Platz, an den sie gehört.

Stille ist die angemessene Antwort auf das Wunder.
Die Bibel nennt es ein Wunder, dass wir leben.
Staunende Stille.
Es fällt kein überflüssiges Wort.
Mit dem Ja Gottes ist alle gesagt.

Du hast dich
nach weichen Schritten gesehnt,
nun gehe.

Aus lichten Himmeln
fallen weiche Teppiche auf deinen Weg.
Setze bewusst jeden Schritt,
du gehst auf Wundern.

Dem Stillen säumen Engel den Weg.
Sie bergen den Träumer mit sanfter Hand
und leuchten dem Müden ein heiteres Dach.

Kann einer,
der nie zur Ruhe kommt,
wirklich »danke« sagen?
Unruhe wird ihn nötigen,
jedem »Ja« ein »Aber« anzufügen.

Die Bibel erzählt von drei Tagen der Ruhe,
von leuchtender Stille ohne Wenn und Aber.
Der siebte Schöpfungstag – alles ist gut.
Der Ostermorgen – der Tod ist besiegt.
Der Tag, an dem ein neuer Himmel und eine neue Erde
ein neues Buch des Lebens öffnen,
Tod, Kränkung und Leid sind Fremdworte.

Gottes Licht durchleuchtet die Seele.
Aus geschenkter Ruhe kommt Lebenskraft.

Danke Gott,
indem du das Sorgen lässt, stille wirst, ruhst
und aus dieser Ruhe Kraft schöpfst für den neuen Tag.

Segen

20. *Lied EG 13,1–3 (Tochter Zion)*

Mit Frauen der Bibel – in Erwartung leben (Gottesdienst im Advent)

Gottesdienst ohne Beteiligung einer Vokal- oder Instrumentalgruppe, mit vielen adventlichen Liedern, die die Gemeinde singt.

1. *Instrumentalvorspiel*

2. *Votum, Gruß, Begrüßung*

3. *Psalm 126*

4. *Lied EG 7,1–2 (O Heiland, reiß die Himmel auf)*

5. *Gebet:*

   Du siehst vom Himmel zur Erde.
   Du hörst das Seufzen der Gefangenen.
   Du löst die Kinder des Todes aus ihrer Fessel.

   Gott,
   Tag und Nacht,
   Licht und Dunkel
   gehorchen deinem Wort.
   Wir nicht.

   Nimm uns bei der Hand,
   bring uns zurecht.
   Wir wollen doch auch ins Licht.
   Wir sehnen uns nach Freude,
   warten auf gute Nachricht.
   Sag uns das Wort, das uns aufrichtet.

6. *Lied EG 13,1.3 (Tochter Zion)*

7. *1. Mose 18,1.2.9–12*

8. *Sara lacht. Sie erwartet nichts mehr. Ist über ihrem Makel alt gewor-*
   den. Immer wieder neu die Hoffnung, immer wieder neu enttäuscht.
   Sie ist ohne Kind geblieben. Ihr Mann hätte sie davonjagen können.
   Da wäre nicht einmal ein Vorwurf gewesen.
   Sara lacht. Sie hat ein bitteres Lachen für ihre Zukunft.
   Sie hat ein bitteres Lachen für die göttliche Verheißung.
   Sie erwartet nichts mehr Gutes.
   Sie erwartet weder ein Kind noch etwas anderes, was sie noch po-
   sitiv überraschen könnte.
   Sie hat genug gesehen.
   Sie hat genug gewartet.
   Man soll sich nichts vormachen.

   Der Engel sagt: Steh auf, Sara.
   Du hast lange gewartet.
   Du bist bitter geworden.
   Du bist reif geworden.
   Du bist nun reif für ein Wunder.
   Jetzt wo du nicht mehr rechnest und zählst und beobachtest und
   bangst und dich selbst bemitleidest und dir selbst Vorwürfe
   machst.
   Jetzt, wo du sagst: »Ich bin alt und mein Mann ist alt«, jetzt legt
   Gott in deine leeren Hände seinen Segen.
   Jetzt füllt Gott dein bitteres Herz mit Glück.
   Jetzt richtet Gott deine verkrümmte Seele auf.
   Warte, Sara.
   Du wirst nicht mehr bitter lachen.
   Du wirst lachen vor Glück.

9. *Lied EG 7,3.4 (O Erd, schlag aus))*

10. *1. Mose 25,20–26*

11. *Rebekka teilt Saras Schicksal. 20 Jahre lang ist sie unfruchtbar.*
    Schande für eine Frau damals. Der Mann nimmt sich eine andere.
    Doch Isaaks Fürbitte für seine Frau wird erhört.
    Ist er die treibende Kraft?
    Will sie eigentlich gar kein Kind mehr?

Rebekka leidet in ihrer Schwangerschaft, wie viele Frauen, die auf die Geburt ihres Kindes warten, in Not sind.

Gesund? Krank?

Frühe Wehen?

Schwache Herztöne?

Rebekka hat Schmerzen. Spürt, dass da etwas nicht in Ordnung ist. Die Zwillinge, die sie gebären wird, stoßen im Mutterleib aneinander.

Wenn das schon im Mutterleib so anfängt, warum bin ich schwanger geworden?

Soll ich Streit gebären und Krieg säen?

Ich will doch der Welt etwas Gutes schenken, ein neues Leben!

Rebekka macht eine zutiefst menschliche Erfahrung. Da ist etwas in ihr, von dem sie schon ahnt, dass es nicht gut gehen wird.

Aber es ist in dir. Du willst nicht, dass es ans Licht kommt. Du fragst: Muss das wirklich sein?

Und offensichtlich muss es sein.

Sie sucht Hilfe bei Gott. Wie auch immer, im Gebet, im Gespräch, in der Seelsorge. Dort erfährt sie, was werden wird: Trennung, Unterordnung, Auseinander der Söhne.

Sie ist mit ihrem Problem zu Gott gegangen. Hat nicht weiter nur gerätselt, versteckt, sich gesorgt und sich verkrampft. Sie weiß nun: Was kommt, entspricht nicht meinem Willen, entspricht nicht meinen Vorstellungen. Aber sie ist nun nicht mehr allein. Sie hat ausgesprochen, was sie so quält. Nun kann sie auf die Welt bringen, was sich schon in ihrem Leib stößt.

Und wenn man den Weg von Jakob und Esau betrachtet, dann ist es ein Lug- und Trugweg, ein belasteter Weg. Das will man als Mutter nicht. Als Mutter, die Zwillinge erwartet, will man, dass sie in Harmonie leben. Nicht im Dauerstreit.

Es bricht auseinander, was sie hatte zusammenhalten wollen. Zwei Kinder, getrennte Wege. Und ein andauerndes Warten in Sorge, ob nicht der eine dem anderen was antut.

Den einen, Jakob, schickt sie deshalb weg in die Fremde. Dort bleibt er zwei Jahrzehnte. Heiratet zwei Frauen, von denen er nur eine wirklich liebt.

Der andere, Esau, bleibt da, heiratet zwei Frauen, von denen es heißt: »Die machten Isaak und Rebekka lauter Herzeleid.« (1. Mose 26,35)

Es ist ein Elend mit den Kindern.

Sie gehen ihre eigenen Wege.

Dann verliert sich die Spur Rebekkas. Sie tritt immer weiter zurück hinter die beiden Söhne und ihren Konflikt, der sich am Ende löst.

Die Söhne versöhnen sich.

Wir erfahren jetzt nur noch von Rebekkas Grab. Bestattet wurde sie im Familiengrab bei Abraham, bei Sara, bei Isaak und bei Jakobs Frau Lea »in der Höhle auf dem Felde Machpela, östlich von Mamre, im Lande Kanaan« (1. Mose 49,31).

12. *Lied EG 11,1–4 (Wie soll ich dich empfangen)*

13. *Lukas 1,5–25 (in Auswahl)*

14. *Lied EG 10,2.4 (Bereitet doch fein tüchtig)*

15. *Wieder das gleiche Motiv. Kinderlosigkeit ist etwas Furchtbares, eine Schande. Und zwar die Schande der Frau. Ist nach der damaligen Vorstellung die Schuld der Frau.*

In den alten Zeiten nahmen sich die Männer eine zweite Frau: Abraham bekam ein Kind von der Dienstmagd, von Hagar.

Jakob hat eine »fruchtbare« Frau, – wie es heißt – Rahel, und eine unfruchtbare, Lea.

Nachwuchs ist überlebenswichtig.

Ohne Kinder alt zu werden ist eine Strafe.

»Herr, mein Gott, was willst du mir geben? Ich gehe dahin ohne Kinder« – klagt Abraham (1. Mose 15,2).

So scheint auch Zacharias geklagt zu haben. Und er scheint resigniert zu haben. Hat die Hoffnung aufgegeben. Hat sich ganz dem Dienst im Tempel verschrieben.

Das ist ja bei Männern dann oft so. Daran scheitern ja auch viele Ehen nach langen Jahren. Dass die persönlichen Hoffnungen, die familiären Hoffnungsgeschichten immer kleiner werden. Und die Verwirklichung im Beruf oder in anderen Dingen immer wichtiger wird.

Ausgerechnet während dieses Tempeldienstes erscheint dem Zacharias der Erzengel Gabriel. Zacharias ist erschüttert, bricht zusammen. Mitten im Tempel.

»Fürchte dich nicht«, sagt der Engel. »Dein Gebet ist erhört. Deine

Frau Elisabeth wird einen Sohn zur Welt bringen. Er wird dir Freude machen und vielen anderen Menschen auch. Johannes sollst du ihn nennen«, was so viel heißt wie: Gott hat Gnade erwiesen.

Das scheint dem frommen Zacharias dann doch zu viel des Guten. Woran soll ich das erkennen? Ich bin alt, meine Frau ist alt. Anstatt dass er sich freut, der fromme Mann. Anstatt dass er Gott auf den Knien dankt, dass er noch Vater wird, dass der Sohn eine so großartige Rolle im Volk Israel spielen wird.

Der Engel scheint zornig:

»Ich bin Gabriel, der vor Gott steht, und bin gesandt, mit dir zu reden und dir dies zu verkündigen. Und siehe, du wirst stumm werden und nicht reden können bis zu dem Tag, an dem dies geschehen wird, weil du meinen Worten nicht geglaubt hast.«

Verlassen wir den niedergeschlagenen Vater, dessen Gebet erhört ist, und der auf das Geschenk unerhört reagiert. Er ist sprachlos. Bleibt sprachlos. Kein Wort kann er sprechen. Während der ganzen Schwangerschaft kein Wort. Ist auf Täfelchen angewiesen, auf die er etwas schreibt. Erst bei der Beschneidung des Johannes kommt ihm die Sprache wieder und er beginnt einen Lobgesang.

Doch so weit sind wir nicht.

Wie reagiert Elisabeth, seine Frau?

Auch alt.

Auch ohne Gebetserhörung.

Sie in Schande. Sie trägt die Schuld.

Jahrzehnte hat sie gewartet.

Sie hält sich fünf Monate verborgen.

Warum das?

Vielleicht hat sie sich vorher schon nicht mehr aus dem Haus getraut wegen der Schande, kinderlos geblieben zu sein?

Vielleicht sitzt auch ihr der Schreck in den Gliedern und eine Zumutung im Leib?

Vielleicht hat sie Angst vor dem Gerede: In dem Alter?

Vielleicht braucht sie nach dem langen fruchtlosen Warten einfach Zeit. Muss mit sich zurechtkommen. Muss in sich hineinhören. Fragt: Lebt da wirklich etwas Neues auf oder haben wir uns verrannt?

Kein Mensch weiß, warum sie sich versteckt.

Und was hier im Griechischen steht, ist nicht nur ein »normales« Verstecken.

perikrypto – Sie kennen eine Krypta, ein tiefes, in den Gewölben unter einer Kirche liegendes Grab-Versteck. peri heißt »um herum«.

Das heißt: Elisabeth versteckt sich und ihr noch ungeborenes Kind auf allen Seiten, voll und ganz. So wie sich später auch ihr Kind zurückzieht in die Wüste und dort reift zum großen Propheten, der an den Jordan geht und schließlich Jesus tauft. Und weiß, dass er nur Wegbereiter ist für den Erlöser.

Elisabeth aber versteckt sich und ihr Kind, bis Maria aufs Gebirge kommt und sie besucht. Da hüpft das Kind in ihrem Leib. Sie wird erfüllt vom Heiligen Geist und preist Maria selig.

16. *Lied EG 131,1.4 (O Heiliger Geist, o heiliger Gott)*

17. *Lukas 1,26–38*

18. *Lied EG 8,1–4 (Es kommt ein Schiff, geladen)*

19. *Sara hat gelacht.*
    Rebekka hatte Schmerzen und musste sich sorgen.
    Elisabeth hat sich versteckt.
    Maria fragt kurz nach, dann sagt sie »Ja«.

In dieser Aufzählung scheint die Jüngste – sie wird damals vielleicht 14 Jahre alt gewesen sein – die Reifste zu sein. Vielleicht die Gelassenste, vielleicht auch nur naiv.

Jedenfalls hat sie nicht gewartet.

Es kam über sie überraschend, unerwartet.

»Ich bin des Herrn Magd. Mir geschehe, wie du gesagt hast.«

»Mir geschehe.«

Das klingt passiv.

Ich finde, es zeugt von einer wunderbaren Aufnahmebereitschaft.

Da ist ein Leben noch nicht geplant.

Da weiß eine Frau noch nicht, wie ihre Kinder mal werden sollen.

Da weiß ein junges Mädchen noch nicht einmal von einem Mann, sagt sie.

Sie ist »unerfahren«, unbelastet, frei, erwartungslos.

Ja, vielleicht ist das ein adventliches Geheimnis?

Dass ich meine Erwartungen, meine Pläne, meine klaren Vorstellungen von der Zukunft lassen soll, damit das Kind in mir geboren wird?

Damit Gott in mir zur Welt kommt?

Johannes Tauler sagt in einer Weihnachtspredigt: Willst du reden, muss Gott schweigen. Soll Gott reden, musst du schweigen. Wenn Gott in dich einziehen soll, musst du leer werden.

»Unser Herz ist unruhig, bis dass es Ruhe findet in dir«, betet Augustinus.

Bei Marqués de Santillana lese ich: Ich wünsche, nichts zu wünschen, und begehre, nichts zu begehren.

Und Martin Luther betet: »Siehe, Herr, ich bin ein leeres Gefäß, das bedarf sehr, dass man es fülle.«

Erlebe den Advent neu. Lern die Sehnsucht von Anfang an. Ohne die klaren Vorstellungen, was werden soll und wie es werden soll.

Es muss Bereiche in deinem Leben geben, die offen bleiben.

Es muss einen Raum in dir geben, der noch nicht besetzt ist.

Dann kann die Liebe einziehen. Dann kann Gott einziehen. Dann kann Ruhe einziehen.

In einer Motette von H. Studer heißt es: »Siehe, Herr, ich bin ein leeres Gefäß, das wartet, bis einer es fülle, dass es dankend überfließt.«

20. *Lied EG 1,1.5 (Macht hoch die Tür)*

21. *Fürbitten*

Herr, wir bitten
für alle, die sagen:
Ich glaube nicht mehr an Wunder.
Für alle, die nichts mehr erwarten vom Leben.

Für alle Schwerkranken,
die keine Hoffnung mehr haben.

Für alle Arbeitslosen,
die keine Chance mehr sehen.
Für alle Ehepartner,
die sich nichts mehr zu sagen haben.
Für alle Kinder,
die in Hungersnot und Kriegselend aufwachsen müssen.
Für alle, die nur noch an das glauben,
was sie mit eigenen Augen sehen.
Für alle, die sich
in Drogen oder andere Abhängigkeiten
geflüchtet haben.
Für alle,
die mit ihrem Leben spielen.
Herr, unser Gott,
öffne ihre Augen und ihre Seele
für ihr Wunder,
für ihre Begegnung mit dir.

In der Stille nennen wir dir die Menschen,
um die wir uns ganz persönlich sorgen:

…

Wir danken dir, dass du uns hörst.

Vater unser

22. *Lied EG 17,1–4 (Wir sagen euch an den lieben Advent)*

23. *Segen*

24. *Lied EG 2,1–3 (Kanon: Er ist die rechte Freudensonn)*

… dann werden wir sein wie die Träumenden (Gottesdienst im Advent)

1. *Orgelvorspiel*

2. *Lied EG 1,1.2 (Macht hoch die Tür)*

3. *Votum, Gruß, Begrüßung*

   Adventszeit, die anfangs dunkelste, die stillste Zeit im Jahr.
   Menschen überdenken im Licht der erst so schwachen Kerzen ihr
   Leben. Menschen klagen Gott ihr Leid und nennen ihre Hoff-
   nung.
   Menschen ist die Zukunft verbaut durch die Dunkelheit.
   Das war zu allen Zeiten so. Da war nicht klar, was werden soll.
   Da war nicht klar, wie es weitergehen kann. Da war die Sicht ver-
   baut. Sehenden Auges waren die Menschen blind.
   In biblischen Zeiten war das nicht anders.
   In Jesaja 60 heißt es:
   Denn siehe, Finsternis bedeckt das Erdreich und Dunkel die Völ-
   ker; aber über dir geht auf der HERR, und seine Herrlichkeit er-
   scheint über dir.
   Gott schickt in solchen Zeiten Propheten. Männer und Frauen, die
   Gesichte habe, Visionen, Träume.
   Ich lese in diesem Gottesdienst biblische Texte, die je auf ihre Weise
   von solchen Gesichten, Visionen, Träumen erzählen.

4. *Gebet:*
   Du siehst vom Himmel zur Erde.
   Du hörst das Seufzen der Müden und Kranken.
   Komm.
   Nimm uns bei der Hand,
   bring uns zurecht.
   Wir wollen doch auch nur ins Licht.

5. *Lied EG 6,1–3 (Ihr lieben Christen, freut euch nun)*

Er hatte seinen Vater auf dem Sterbebett noch übers Ohr gehauen, den eigenen Bruder gleich mit. Es ging ums Erben. Ja, und da war nichts mehr rückgängig zu machen. Auch wenn der Vater schier verzweifelte und der Bruder platzte vor Wut. Es war besser, dass er sich verzog. Seine Geschichte liest sich wie eine Story aus dem Betrugsdezernat. Sie kennen diesen Gauner. Sein Name sagt alles. Er heißt übersetzt: »Der Hinterlistige«. Es ist Jakob. Jakob aus der Bibel. Ein Gauner wie er im Buche steht. Aber er hat den Segen seines Vaters Isaak.

Er ist auf der Flucht. Rebekka, die Mutter, hat ihm zur Flucht geraten: »Mach dich auf und flieh zu meinem Bruder Laban nach Haran« – hat sie ihm gesagt – »und bleib eine Weile bei ihm, bis sich der Grimm deines Bruders legt und bis sein Zorn wider dich sich von dir wendet und er vergisst, was du ihm getan hast; dann will ich schicken und dich von dort holen lassen. Warum sollte ich euer beider beraubt werden auf einen Tag?«

Aus der kurzfristigen Flucht werden 20 lange Jahre. Die Flucht beginnt mit einer großartigen Segensvision:

Jakob zog aus und kam an eine Stätte, da blieb er über Nacht, denn die Sonne war untergegangen. Und er nahm einen Stein von der Stätte und legte ihn zu seinen Häupten und legte sich an der Stätte schlafen.

Und ihm träumte, und siehe, eine Leiter stand auf Erden, die rührte mit der Spitze an den Himmel, und siehe, die Engel Gottes stiegen daran auf und nieder.

Und der HERR stand oben darauf und sprach: Ich bin der HERR, der Gott deines Vaters Abraham, und Isaaks Gott; das Land, darauf du liegst, will ich dir und deinen Nachkommen geben.

Und dein Geschlecht soll werden wie der Staub auf Erden, und du sollst ausgebreitet werden gegen Westen und Osten, Norden und Süden, und durch dich und deine Nachkommen sollen alle Geschlechter auf Erden gesegnet werden.

Und siehe, ich bin mit dir und will dich behüten, wo du hinziehst, und will dich wieder herbringen in dies Land. Denn ich will dich nicht verlassen, bis ich alles tue, was ich dir zugesagt habe.

Als nun Jakob von seinem Schlaf aufwachte, sprach er: Fürwahr, der HERR ist an dieser Stätte, und ich wusste es nicht!

Und er fürchtete sich und sprach: Wie heilig ist diese Stätte! Hier ist nichts anderes als Gottes Haus, und hier ist die Pforte des Himmels.

7. *Lied EG 16,1.2.5 (Die Nacht ist vorgedrungen)*

8. *Psalm 126*

9. *Lied EG 15,1.2 (Tröstet, tröstet)*

10. *Magnificat (Lukas 1,46–55)*

Immer wieder diese Zeichen. Immer wieder das Andere, das Unerwartete, das Überraschende. Es bricht ein in die Normalität. Wie der Blitz aus heiterem Himmel schlägt es ein, lodert, brennt, wird Feuerzeichen und Machtwort.
Wunder, so nennen es die Menschen landläufig. Wenn sich die Geschichte kehrt, das Blatt sich wendet, wenn Letzte nach vorne und Untere nach oben gespült werden.
Maria, ein Mädchen, hat eine Begegnung, die ihr Leben auf den Kopf stellt, die Welt aus den Angeln hebt. Sie weiß nicht, was ihr geschieht. Aber dem Engel sagt sie: Ja.
Sie ahnt nicht die Konsequenzen, und doch sagt sie Ja.
Nicht die Empfängnis durch den Heiligen Geist ist für mich der Schlüssel zur »Jungfrau Maria«, sondern dieses junge, unschuldige, jungfräuliche Ja des Mädchens.
Aus diesem Ja entwickelt sich eine großartige Vision. Da gehen Türen auf. Da ist Gott selbst gegenwärtig.

»Und Maria sprach: Meine Seele erhebt den Herrn,
und mein Geist freut sich Gottes, meines Heilandes;
denn er hat die Niedrigkeit seiner Magd angesehen.
Siehe, von nun an werden mich selig preisen alle Kindeskinder.
Denn er hat große Dinge an mir getan,
der da mächtig ist und dessen Name heilig ist.
Und seine Barmherzigkeit währt von Geschlecht zu Geschlecht
bei denen, die ihn fürchten.
Er übt Gewalt mit seinem Arm
und zerstreut, die hoffärtig sind in ihres Herzens Sinn.

Er stößt die Gewaltigen vom Thron und erhebt die Niedrigen.
Die Hungrigen füllt er mit Gütern
und lässt die Reichen leer ausgehen.
Er gedenkt der Barmherzigkeit
und hilft seinem Diener Israel auf,
wie er geredet hat zu unsern Vätern,
Abraham und seinen Kindern in Ewigkeit.«

11. *Lied EG 8,1–4 (Es kommt ein Schiff, geladen)*

12. *Das »Hohe Lied der Liebe« (Römer 8,31–39)*

Das Segel ist die Liebe …

Menschen scheitern.
Sie brechen Versprechen,
sie lügen,
sie nötigen,
sie üben Druck aus,
sie werden vergesslich,
sie werden alt,
sie werden ungeduldig,
sie sind überfordert,
sie können nicht aus ihrer Haut,
sie werden sich selbst zur Last,
sie sind böse,
sie nörgeln,
sie sehen nur sich selbst,
sie meinen jetzt und ich,
sie sind neidisch,
sie sind ungeduldig,
sie zahlen heim,
sie geben nicht nach,
sie haben Recht,
sie wollen Recht haben,
sie haben Angst,
sie sind einsam,
sie sind unglücklich,
sie zählen ihre Tage

und manchmal spüren sie ihre eigenen Fehler,
das ist das Schlimmste,
zu spüren –
dann und wann –
ich bin's ja selbst,
der mir das Leben verbaut.
Sie sind
eine Zumutung,
sie sind hoffnungslose Fälle,
sie sind Kinder Gottes.

Sie hören und lesen angesichts eigener Schuld, eigener Schwäche
und eigener »Zerflichkeit« – das Wort gibt es nicht, aber Sie spüren
vielleicht, was ich meine: wenn jemand »herumzerft« um des Zer-
fens willen, streitet, bockig ist, trotzig ist, nicht nachgibt, den anderen auflaufen lässt –, sie hören, was Gott über sie, zu ihnen sagt:
»Was sollen wir nun hierzu sagen? Ist Gott für uns, wer kann wider
uns sein? Der auch seinen eigenen Sohn nicht verschont hat, sondern hat ihn für uns alle dahingegeben – wie sollte er uns mit ihm
nicht alles schenken?
Wer will die Auserwählten Gottes beschuldigen? Gott ist hier, der
gerecht macht. Wer will verdammen? Christus Jesus ist hier, der
gestorben ist, ja vielmehr, der auch auferweckt ist, der zur Rechten
Gottes ist und uns vertritt. Wer will uns scheiden von der Liebe
Christi? Trübsal oder Angst oder Verfolgung oder Hunger oder
Blöße oder Gefahr oder Schwert?
In dem allen überwinden wir weit durch den, der uns geliebt hat.
Denn ich bin gewiss, dass weder Tod noch Leben, weder Engel
noch Mächte noch Gewalten, weder Gegenwärtiges noch Zukünf-
tiges, weder Hohes noch Tiefes noch eine andere Kreatur uns schei-
den kann von der Liebe Gottes, die in Christus Jesus ist, unserm
Herrn.«

Gelegentlich sind Menschen eine Zumutung für uns.
Gelegentlich machen wir uns gegenseitig das Leben zur Hölle.
Manchmal sind wir selbst das Problem.
Dann – und erst recht dann, und eigentlich nur dann, wenn wir
meinen, im Recht zu sein, gerade dann sieht uns der Apostel Pau-
lus weit weg von den Nächsten. Weit weg von Gott.

Und weil wir alle infiziert sind von dieser Krankheit, meint Gott,
er könne uns heilen – auf seine Kosten.
Und er meint das nicht nur.
Gott tut auch, was er meint.
Gott heilt.
Wird Mensch.
Kommt, bleibt und macht frei.

13. *Lied EG 23,1–4 (Gelobet seist du, Jesu Christ)*

14. *Fürbittengebet:*

Ewiger Gott,
dir danken wir für das Geschenk deiner Liebe.
Wir erkennen es in den Augen eines Kindes,
in der Liebe des Menschen, den du an meine Seite gestellt hast,
in der Musik,
in Stunden der Ruhe,
in Hoffnungszeichen mitten im Alltag.
Der Himmel ist offen.
Du kommst uns entgegen,
in welchem Dunkel auch immer wir uns verirrt haben.

Wir bitten dich für alle Menschen,
die in diesen Tagen besonders gefordert sind.
Für unsere Familien und alle, die uns nahe sind.
Wir bitten:
Lass leuchten dein Angesicht, so genesen wir.
Bleibe bei uns, dann werden wir leben.

Vater unser, Friedensgruß

15. *Lied EG 1,5 (Macht hoch die Tür)*

16. *Segen*

17. *Orgelnachspiel*

Meditationen

Paradigmenwechsel

Ich nehme eine Rose.
Königin der Blumen.
Die Farbe, der Duft, sie leuchtet in alle Sinne.
Sie ist schön.
Ich will ihr Geheimnis entdecken.
Das Geheimnis ihres Leuchtens.
Das Geheimnis ihrer Schönheit.
Ihrer Wildheit und Ordnung.
Will hinter das Geheimnis ihres Duftes kommen.
Ich nehme sie auseinander.
Ich dringe immer tiefer in sie vor. Ich zerlege sie in kleinste Teile.
Und hätte ich ein Mikroskop, ich könnte in kleinste Teile hineinschauen.

Und: Kenne ich jetzt ihr Geheimnis?
Ich habe sie zerpflückt.
Ich kann das nicht mehr rückgängig machen.
Sie wird nicht mehr ganz.

Ein solcher Weg vermehrt unser Wissen: Die Zukunft braucht einen anderen Umgang mit Pflanze, Tier und Mensch.

Meterdicke Riesenaugen ragen zum Himmel, greifen nach den Sternen und dahinter.
Feinste Mikroskope blicken in winzigste Zellen, entschlüsseln woher und wohin und wie und wann.
Unser Auge dringt vor in Welten, die unsere Väter nicht einmal ahnten.
Unsere Hände greifen nach Dingen, die unsere Mütter nicht kannten.
Wir beherrschen unser Metier.

Wir leben jenseits von Eden. Wir haben die kindliche Unschuld verloren. Wir leben jenseits von Eden in der Angst, der andere würde mich durchschauen, mich erkennen.
Und leben gleichzeitig mit der Sehnsucht, der andere möge mich erkennen.

Ich möchte besitzen, und fürchte, besessen zu werden.
Ich möchte durchschauen, und möchte nicht durchschaut werden.

Wir alle haben das Empfinden, in einer Zeit großer Umbrüche zu leben.
Das gilt auch für die Wissenschaft, die sich anschickt, die kleinsten
verbliebenen Geheimnisse des Menschen zu entschlüsseln, die sich anschickt, Menschen zu klonen, jedes Maß verliert, und in ihrer Maßlosigkeit zerstörerisch wird.
Das gilt für meine Wissenschaft, die Theologie.
Die Theologie der letzten drei Jahrhunderte hat sich im Prinzip nicht
verändert. Sie ist, so Recht sie haben mag, mit ihren Methoden längst,
mit ihren Ergebnissen nicht minder an ein Ende gekommen. Die Bibel
ist akkurat zerlegt wie ein Leichnam in der Pathologie. Wir wissen, was
man überhaupt wissen kann. Allein, daraus wird weder Glaube noch
Wahrheit. Auch diese Art Theologie ist an ein Ende gekommen und
braucht eine Zeit des Staunens, des Horchens, des Schauens, der Mystik,
der Meditation.

Wenn ein Paradigma, eine Weltzeit, eine Herrschaftsära an ihr Ende gekommen ist, dann wird ein Feuerwerk, ein Blendwerk aufgefahren. Alles,
was die zu Ende gehende Zeit zu bieten hatte, wird noch einmal abgebrannt. Wir erleben in den Jahrzehnten nach dem Ersten Weltkrieg – der
eigentliche Schock war der Erste, nicht der Zweite Weltkrieg – wir erleben
in diesen Jahrzehnten dieses Feuerwerk der europäischen »Aufklärung«.

Die Zeit des Beherrschens, des Messens, des Berechnens, des Analysierens, des Zerlegens, des Diskutierens – discutere heißt »zerschneiden« – ist
vorbei. Die Zeit der Planquadrate, der Karos ist vorbei.
Versuchen Sie, Vincent van Goghs Sonnenblumen in kleine Karos aufzuteilen, zu nummerieren in der Horizontale, zu buchstabieren in der
Vertikale. Sie werden scheitern, wenn sie meinen, Vincents Genialität
auf »K 23« näher zu kommen. Auch wenn sie die Karos noch einmal
unterteilen: Ich behaupte, sie entfernen sich immer weiter.
Versuchen Sie, Johann Sebastian Bachs Genialität des Sanctus der h-moll-Messe in Zweiunddreißigstel zu zerlegen. Schreiben Sie ein Buch
über den 39. Takt oder über das zweite Viertel dieses Taktes und seine
Beziehung zum 12. Takt des Kyrie. Sie werden alle möglichen Kons-

trukte entdecken. Das Genie beginnt dann, wenn sie die Notenlinien und Taktstriche vergessen und nur noch hören.

Wir hören oder lesen Legenden, über die wir lächeln. Im Paradigma der Aufklärung nimmt solche Legenden keiner mehr ernst. Wir stehen drüber, wir schauen dahinter und durch.

Im Paradigma der Zärtlichkeit, für das ich am Ende des Paradigmas der Aufklärung werben möchte, dürfen Legenden bleiben. Auch die Geschichte von dem kleinen Kind in der Krippe zwischen Ochs und Esel, neben ein paar Hungerleidern aus den Feldern vor Bethlehem, einer viel zu jungen Mutter und einem Vater, der in Angst lebt um das Leben seines Kindes, dessen leiblicher Vater er gar nicht ist.

Ich muss nicht alles wissen. Im Paradigma der Zärtlichkeit dürfen Geheimnisse bleiben. Und werden zu Schlüsseln für unsere Seele.
Das Credo, das Glaubensbekenntnis ist so ein Schlüsselbund mit vielen Geheimnissen.

Ich muss auch nicht alles glauben. Ich kann auch keine Tür mit einem ganzen Schlüsselbund öffnen.
Aber die Jungfrauengeburt, die Reise Jesu zu den Toten oder der Glaube an ein ewiges Leben können – mal hier, mal da – die Qualität eines für mich wesentlichen Schlüssels bekommen.

Das Paradigma der Aufklärung hat sich verbraucht. Ein neues, heilendes, könnte das Paradigma der Zärtlichkeit sein. Horchen, Schauen, Warten, Geduld sind damit verbunden.

Mythos – der Grund,
der sich von selbst versteht

Wir stecken mitten in einer tiefen Sinnkrise.

Ich will diese Krise jetzt nicht analysieren und auch kein therapeutisches Programm auflegen. Der eine geht vier Runden im Wald joggen, die Zweite stürzt sich in Arbeit, der Dritte fliegt nach China und Tibet, die Vierte hat gelegentlich heftige Kaufanwandlungen – bei mir ist das alles auch vertreten und einiges mehr. Es ist nicht die Midlifekrise, das geht viel tiefer. Das hat eine ganze Kultur erwischt, die nach den beiden Kriegen des letzten Jahrhunderts so eigentlich nie mehr zu sich selbst gefunden hat.

Was hat das mit Weihnachten zu tun?

Weihnachten lebt von einem Mythos.

Mythen sind die Grundlagen von Kulturen.

Sie beobachten das selbst heute wieder im amerikanischen Traum und in der amerikanischen Außenpolitik.

Der Mythos ist so stark, dass es im Grund keine wirkliche Opposition gegen einen Krieg gibt.

Haben wir einen deutschen Traum? Haben wir ihn im Konzert der Völker ausgeträumt nach unserer verheerenden Geschichte? Und war das, was da geschah in deutschem Namen, war das der deutsche Traum?

Ich will nicht diesen Albtraum reaktivieren. Ich will nur sagen: Eine Kultur, die keine Mythen mehr hat, wird unsicher, verarmt, geht auf den Markt und sucht und winkt und schreit und rennt, sucht verzweifelt, macht auf sich aufmerksam, schlägt um sich und fügt sich selbst Schmerzen zu. Eine solche Kultur, die »dranbleiben« will, mitmachen will, hetzt hinterher, schreit, winkt mit fahrigen, verzweifelten Bewegungen, wirft weg, was beim Rennen hindert. Der Leib, der übrig geblieben ist, atmet noch, dampft vor Schweiß, denkt und rechnet und unterrichtet und verwaltet und funktioniert noch, allein, es fehlt ihm die Seele. Und die Seele ist es, die den Menschen und die auch die Kultur zum Glänzen bringt.

Wir haben die Mythen verloren. Wir haben sie wegrationalisiert. Auch wir Theologen. Wie die Pathologen mit dem Seziermesser haben wir die Bibel zerschnippelt, in kleinste Teile. Und wie stolz wir dabei waren.

Wir waren geil auf den Applaus der rationalen Wissenschaften, die alles beweisen konnten. Der Applaus hat uns gut getan. Wir sind handlich geworden, passen in Lehrpläne und Landesverfassungen.

Einen der großen Mythen, ja den eigentlich zentralen Mythos unserer christlichen Kultur erzählt die Bibel in einfachen Worten.

Gott, sagt sie, Gott liebt. Gott liebt nicht wie du und ich. Gott liebt so, wie ein Smaragd grün und ein Rubin rot ist. Gott ist Liebe. Und wenn du und ich, so erzählt dieser Mythos, schon mit deiner Liebe einen anderen brauchst, dann erst recht Gott, der liebt, wie ein Lapislazuli blau ist.

Also schafft Gott Menschen, ein Gegenüber. Und wenn deren Liebe auch echt sein soll – denn Marionetten sind schön, aber sie äußern sich nicht –, wenn deren Liebe echt sein soll, dann müssen sie frei sein. Frei sein, Ja und Nein sagen zu können. »Ich liebe dich« sagen zu können und »ich hasse dich«.

Kurt Marti, ein Kollege von mir, nennt Gott den »großen Verrückten, der immer noch an die Menschen glaubt«. So ist das eben, wenn man liebt. Eine verrückte Sache. Gott schlägt alle Warnungen in den Wind und schenkt dem Menschen Freiheit.

Das geht nicht gut. Der Mythos erzählt, dass die Menschen sich mit der Freiheit nicht zufrieden geben, sie wollten Ewigkeit. Ganz nach Nietzsche: »Alle Lust will Ewigkeit«. Und damals war das noch eine Lust, zu leben, mitten im Paradies.

Gott schließt das Paradies, erlässt die Zehn und noch ein paar weitere Gebote für ein sinnvolles Zusammenleben und lässt den Menschen die Erde schmecken, jenseits von Eden.

Und das schmeckt dem Menschen nicht. Kain erschlägt Abel. Israel schlägt Ägypten. Assyrien schlägt Israel. Babylon schlägt Assyrien. Persien schlägt Babel, und die Griechen schlagen die Perser, die Römer schlagen die Griechen und so weiter.

Das schaut sich Gott mehr oder weniger zwei gute Jahrtausende an. Das Elend jenseits von Eden. Das Hauen und Stechen, das Lieben und Hassen, das Treten und Flehen, das Sterben und Schreien, die Lüge und die Lust, die Angst und die Ohnmacht, die Größe und den Wahn.

Und sagt dann: Es reicht.

Ich habe den Menschen aus Liebe geschaffen. Mir selbst ein Gegenüber, ein Ebenbild.

Er hat sich übernommen, hat sein Maß nicht gefunden.

Nun sitzt er im Dreck. Im Ausland. Im E-lend, das ist Ausland.

Wenn einer liebt, und der, den er liebt, leidet, was macht er dann? Er beugt sich. Er bückt sich. Er wird sanft und schwach und lieb und zärtlich. Nimm an, deine Frau, dein Mann, dein Kind liegt todkrank irgendwo im Elend, auf einer Intensivstation. Du wirst auf Haltung pfeifen, du wirst alle Etikette vergessen. Du wirst dich bücken am Lager eines Kranken. Und du wirst hingehen, wo immer er liegt.

Nun liegt der kranke Mensch im Elend hier auf diesem wunderbaren Planeten. Es ist also ganz einsichtig, was der Mythos weitererzählt. Der große, mächtige, theatralisch die Winde und die Gezeiten regierende, den Meeren und den Blitzen gebietende Gott bückt sich zum Lager des Menschen.

Nein, das ist viel zu wenig. Zeus & Co besuchen auch gelegentlich die Erde. Das ist auch ein Mythos. Nicht ganz so stark wie der andere, aber die suchten auch keine Elenden, sondern junge, hübsche Frauen und Männer, in Gestalt eines Ochsen oder Löwen. Um sich nach entstandenem Schaden wieder schnell zurückzuziehen. Nein, das taugt für den Jahrmarkt. Aber davon wird niemand gesund.

Also nicht zum Besuch beugt sich der christliche Gott. Er sucht eine Bleibe. Er wird Mensch. Der Mythos erzählt von einer Hand voll Gott, gelegt in eine Futterkrippe, notdürftig in Windeln gewickelt, Mutter gerade vielleicht vierzehn, Vater auf der Flucht.

Gott schmeckt Erde. Und das schmeckt nicht gut. Und doch wird die Erde diesen Gott nicht mehr los.

Der Himmel stünde längst wieder offen, sagt der alte Mythos. Engel gingen auf Leitern aufwärts und abwärts, ein reger Verkehr. Die Tür zum Himmel steht offen, Gott ist unterwegs. Das Reiseziel heißt überall, und der Ausgang ist offen.

Was aber schon ein Fortschritt wäre, denn es gab ja schon einmal eine Zeit, da war der Himmel verschlossen und die Erde verflucht. Nun wohnt Gott auf der Erde, und der Himmel ist offen. Und zurück, meint der Mythos, käme Gott nur mit den Menschen, auf keinen Fall allein. Doch das ist eine andere Geschichte.

Ich wollte diesen Mythos noch einmal erzählen, der unsere Kultur eigentlich tragen soll.
Es ist ein Mythos.
Eine story.
Ein Roman.
Wir kämpfen an der falschen Front, wenn wir mit Rechenschieber und

Formelsammlung, mit Handbuch und mit Lehrbuch verstehen wollen. So versteht man keine Mythen.

Das ist lächerlich. Da wird dann eben ein Coca-Cola-Santa Claus aus dem türkischen Bischof von Myra.

Da wird dann eben ein Christkind aus Jesus.

Und da wird dann eben ein Playboyhäschen aus Gottes Engeln.

Aber wir haben ja mitgemacht. Wir haben uns auf dieses Spiel eingelassen. Wir Theologen haben den eigenen Mythos verraten. Und sind nun Mörder. »Ihr habt ihn umgebracht«, schreit Nietzsches Prophet, der mit der brennenden Laterne auf dem Markt bei helllichtem Tag nach Gott sucht. »Ihr habt ihn umgebracht!«

Wir haben den Mythos verloren.

Diese Kultur hat ihren Grund, ihren Traum, ihren Mythos verloren.

Dieser Verlust geht tief, tut weh.

Was soll ein Mythos?

Er soll den Menschen helfen, ihre Stärke zu finden. Er soll den Menschen helfen, zu sich selbst zu finden. Er soll den Menschen helfen, Mensch zu sein.

Und nun, ohne diesen Mythos, sind wir vielleicht gute Lehrerinnen und Lehrer, gute Kaufleute, gute Pfarrer, gute Ärzte und gute Facharbeiter. Aber uns fehlt die Seele.

Ein Mensch ohne Mythos hat Angst. Ihm fehlt der Grund, der sich von selbst versteht. Er hat Angst, und »Angst fressen die Seele auf«.

Der Mythos ist der Grund, der sich selbst versteht.

Und deshalb will ich Weihnachten nicht abschaffen, sondern bin froh, dass uns Gott eigentlich täglich, aber mindestens an Weihnachten diesen Mythos auf die Erde legt, bescheiden, in Windeln gewickelt, unausgewogen, sperrig, fremd und klein. Eben eine Hand voll Gott. So, dass wir's ertragen.

Selbst darin schützt uns noch Gott nach diesem Mythos: Er kommt zu uns in einem handlichen Maß, so dass eigentlich keiner Angst haben müsste. Eben eine Hand voll Gott. Nicht die Wucht, eher die Ohnmacht.

Denn Gott ist immer noch der große Verrückte, der an die Menschen glaubt. (Kurt Marti)

⭐ Einfache Wahrheit

Es war mein erster Heiligabend-Gottesdienst. 500 oder mehr Menschen, dicht gedrängt, Kinder und Erwachsene. Friedenskirche in Mannheim 1975. Ich war angetreten, um den falschen Weihnachtszauber zu entlarven. Meine Predigt zählte all die Unglücke, die Missstände und die Ungerechtigkeiten auf, deren ich während der Vorbereitung auf die Heiligabend-Predigt hatte habhaft werden können: Kriege, Unwetter, Zerstörungen, Unglücke, Ängste. Diese schreckliche Aufzählung gipfelte in der rhetorischen Frage: »Nun, was meint ihr, sollen wir Weihnachten ausfallen lassen?«

Stille. Und mitten in das Schweigen der Erwachsenen hinein rief ein Kind aus dem Dunkel des Kirchenschiffs zu mir hinauf auf die Kanzel: »Nein!« Und dieses »Nein!« klang entsetzt.

Ich kam mir schäbig vor mit all der zurechtgelegten Rhetorik. In diesem Augenblick hatte ich mehr vom Geheimnis der Heiligen Nacht begriffen als während meines ganzen Theologiestudiums.

Ich werde dieses entsetzte »Nein« hoffentlich nie vergessen.

Nein – beraube mich nicht des Schönen. Nein – zerstöre nicht das Kind in mir.

Die Erwachsenen hatten damals geschwiegen. Keiner regte sich und legte Protest ein gegen das gut gemeinte, aber törichte Geschwätz des jungen Pfarrers auf der Kanzel.

Ich weiß noch, es gab damals ein etwas verlegenes Lächeln, vielleicht auch ein etwas überlegenes Lachen. Kinder eben, was Kinder eben so sagen. Lass ihnen die Träume und die Märchen. Wenn sie dann aus dem Zimmer sind, können wir offen reden. Drehen die Musik lauter und packen unsere Träume ein.

Ich habe in der Zwischenzeit viele alte Menschen weinen sehen. Menschen mit einigen Jahren Lebenserfahrung mehr als ich. Menschen, die mich mit großen Augen angeschaut haben und nur eines wissen wollten. Sie wollten keine Lehre. Sie wollten wissen, ob da noch etwas ist. Ob da noch etwas ist nach all den Umwegen und angesichts der leeren Hände. Ob da noch etwas ist, wenn alle Rechnungen durchgerechnet und alle Bücher gelesen sind. Sie wollten wissen: Ja oder Nein. Und wenn ich tief Atem holte zu einer langen, nach allen Seiten abgesicherten Antwort, dann schienen ihre Augen müde zu werden. Sie hatten eine einfache Frage gestellt.

Eine Wahrheit muss man in einem Atemzug sagen können, so wie »Ich liebe dich« oder »Ja, mit Gottes Hilfe« oder »Bleib, bitte«.

Wir haben das verlernt. Wir sind erwachsen. Einfache Antworten sind uns verdächtig.

Eine befreiende Wahrheit ist einfach gesagt.

Es ist erschienen allen Menschen die heilsame Gnade Gottes. (Titus 2,11)

Oder: Das Wort ward Fleisch und wohnte unter uns. (Joh 1,14)

Oder: Fürchtet euch nicht. Euch ist heute der Heiland geboren. (Lk 2,10.11)

Ich möchte diese Wahrheit hören, unbedarft und frei wie ein Kind.

»Wo ist der Gott?«, fragen die Kinder.

»Wo ist der Gott?« Und du sagst: Er ist in dir, er ist in mir, er ist in jedem guten Gedanken, er ist in jeder helfenden Hand. Und er ist in Jesus Christus. Ein Kind einfacher Leute. Und du musst keine Sorge haben, er ist da für dich.

Und das Kind schaut dich an, nickt und spielt mit seiner Eisenbahn weiter.

Wohin haben Sie das Gotteskind gesteckt in Ihrem Leben?

Traumatisch die Vorstellung: Alle stehen sie da, Mutter, Vater, Hirten, König, Ochs und Esel – und starren ins Leere. Die Krippe ist leer. Ich selber werde schon unruhig vor Totensonntag. Würde am liebsten schon im Herbst aufbauen: Krippe, Weihnachtspyramide, Sternsinger. Von mir aus könnte das Jahr sechs oder sieben Advente haben.

Haben Sie das Gotteskind auch so versteckt wie ich? Hinter Symbolen, Wünschen, Träumen, Kindheitserinnerungen? Stille Nacht und Baum, Glocken und Weihnachtsmarkt können uns auch ganz schön den Blick verbauen auf das Kind. Das Kind in der Krippe sagt als Erwachsener: Was ihr getan habt einem unter meinen geringsten Brüdern, das habt ihr mir getan. So also ist das: In der Mitte des Stalles steht mal ein Mensch, auf der Suche nach Arbeit, mal eine Familie auf der Flucht, mal eine Schülerin auf dem Flur, Tränen in den Augen, mal ein zur Prostitution gezwungenes Mädchen in Asien. So einfach ist das.

Freuen Sie sich über Kerzen, Sterne, Kinder, Krippe, Grüße, Besuche, Glocken, Lichterketten. Freuen Sie sich über alles.

Aber vergessen Sie nicht den Christus. Ihm galten einmal all die Symbole. Wer sie nicht mehr auf ihn hin deuten kann, tappt bei aller Fülle des Lichts im Dunkeln. Wer das verlorene Gotteskind sucht, braucht eine gehörige Portion Liebe.

Wenn wir es richtig deuten, was in alten Gräberfunden sämtlicher Kulturen zu finden ist, was in den am weitesten abgelegenen Schubladen der menschlichen Geschichte ans Tageslicht kommt: Es ist Religion. Es ist der Versuch, auf je eigene Weise einen Schlüssel zu dem Geheimnis zu finden, das die Millionen Galaxien und mein Leben, die Jahreszeiten und mein Sterben, die Sonne, den Fisch, den Grashalm, die Geburt meiner Kinder, die Erdbeben, die Lächerlichkeit meiner Fehler und die Liebe zweier Menschen verbindet. Seit es Menschen gibt, suchen sie nach einer Formel, nach einer Lösung, zumindest nach einem Netz, das sie hält, – und sei es geflochten aus puren Hoffnungen.

Und in diesem Kommen und Gehen der Jahrtausende und Jahrmilliarden möchte ich wissen, ob mein Punkt, mein Weg einen Sinn hat. Ob ich etwas und, wenn ja, was ich anderes bin als ein Zufallsprodukt. Spätestens wenn ich nach dem Sinn frage, bin ich bei der Frage nach Gott. Jedenfalls nennen die Religionen seit Menschengedenken den oder das, was zusammenhalten könnte, was Ja und Nein sagt, was einfach ist und bleibt und gilt, das nennen die Religionen Gott. Und die Menschen opfern Gott, sie beten zu ihm, sie feiern Gottesdienste, sie halten sich an Regeln, sie erzählen von Weisen, die ihm begegnet sind in der Stille. Und nennen ihre Angst, und sie erzählen von ihren Toten, pflegen scheu die Gräber und sorgen sich um die Lebenden. Und hoffen, dass dieser Gott ihre Wünsche erfüllt, die Sehnsucht nach Frieden, die Sehnsucht nach Heilung und Schonung, den Erhalt der zerbrechenden kleinen Welt und die Steuerung der fremden, großen, mächtigen Gewalten, die mit ihrem Leben zu spielen scheinen.

Und sie gehen zu den Weisen und fragen: Wie ist es mit der Zukunft? Wie ist es mit der Vergangenheit? Wie ist es mit den Verstorbenen und was wird mit den Enkeln? Und wann kommen die Stürme, wann kommt das Meer und wann die Dürre? Und sie fragen: Warum kommt die Dürre zu der Zeit, wo wir Wasser bräuchten, und warum kommt ein Krieg zu der Zeit, da wir Kinder gebären? Was haben wir getan, dass sie uns zu Abertausenden in den Tod schicken?

Und die Weisen stoppen sanft den Redefluss. Und – je nach Religion – verweisen sie auf das Sensibelste, geben erste einfache Antworten und laden ein zur Stille. Ein sensibles Terrain, die Stille. Nur wenige halten sie wirklich aus.

Wer meditiert, wer autogenes Training macht, wer Yoga praktiziert oder wer einfach abends im Bett liegt und für zehn Minuten zum Gebet die Hände faltet, merkt, wie sehr er oder sie sich selbst im Weg steht. Die »unerledigten Geschäfte« hindern uns.

Der Streit mit dem Nachbarn drängt sich auf, der Kontostand und der Wunsch der Tochter nach einem neuen Fahrrad. Die drohende Gehaltskürzung, die teuere Autoreparatur, dabei bräuchten wir, wenn ich das recht sehe, längst zwei Autos, um alles bewältigen zu können. Ich rede nur von mir. Die Gesundheit meiner Mutter und die Schmerzen am eigenen Magen. Und die Arbeiten sind nicht korrigiert. Und die Briefe sind nicht verschickt. Und die Sekretärin ist krank, und dort hat man vergeblich auf meinen Besuch gewartet. Und wieder werden Pfarrstellen gestrichen. Und am Sonntag waren nur wenige im Gottesdienst. Und die Sitzungen werden immer mehr. Und warum versteht er nicht, und warum will sie nicht, und warum sagt er immer …

Die »unerledigten Geschäfte« machen den Raum der Stille, den ich gefunden habe, zur Hölle. Das ist nur mein innerer Lärm. Ich höre ihn erst, wenn ich ruhig dasitze, bei geschlossener Tür.

Ich kann natürlich mit Tricks es nie dazu kommen lassen, dass diese Hölle in mir – im wahrsten Sinn des Wortes – »hoch kommt«. Ich kann mich zumachen. Ich kann mir die Seele aus dem Leib rennen, den Terminkalender zupflastern und mir hier was Teures gönnen und dort ein Schnäppchen machen. Ich werde Freunde finden, die mir auf die Schulter klopfen, und Banken, die mir Kredit gewähren, und Menschen, die mich beneiden.

Will ich diesen »Tanz ums Goldene Ich« unterbrechen, muss etwas, muss einer dazwischenfahren, dazwischenreden. Die Stille, die wirkliche Stille kann ich nicht selbst machen.

Die wirkliche Stille, kommt durch das Wort. Kommt durch den anderen. Kommt überraschend und ungeplant. Kommt als Geschenk.

Allein durch die Gnade, sagt der Römerbrief und mit ihm die Reformation – von außen, unverdient, ohne eigene Leistung –, werde ich selig. Glücklich. Kommt meine Seele zur Ruhe. Allein durch die Gnade. Nicht durch Meditation, durch Wallfahrt und Atemtechnik, durch Laufstil und Mantra, allein durch Gnade. Von außen. Durch das Wort. Durch das »Evangelium«.

Ich kann mir wohl sagen: Ich bin ein toller Hecht.

Ich kann mir aber nicht oder nur folgenlos sagen: Ich segne mich.

»Ich liebe dich« oder »Ich segne dich« muss mir ein anderer sagen. Die Menschen der Bibel sind wie wir. Sie haben die gleichen vier oder fünf großen Sorgen, Sehnsüchte wie wir: Sie wollen geliebt sein, sie möchten gesund sein, sie wollen in Frieden leben, sie suchen einen Sinn für ihr Leben, sie suchen eine Antwort auf den Tod. Die wichtigen Fragen des Lebens lassen sich an den fünf Fingern einer Hand abzählen. Und die Menschen der Bibel begegnen, zumindest im Neuen Testament, dem Mann aus Nazareth. Durch ihn finden sie den aufrechten Gang, ihm folgen sie nach, er heilt Körper und Seele. Um ihn und mit ihm entsteht ein Raum der Hoffnung, der Veränderung, der Umkehr, der Liebe, der Zärtlichkeit. Sie verstehen es mehr und mehr so, dass dieser Jesus mehr ist als ein Prophet und mehr ist als ein Lehrer. Er macht sie offen für Gott. Später nennen sie ihn Sohn Gottes. Noch später sagen sie, in ihm wohne die ganze Fülle Gottes, vor aller Zeit und für alle Welt. Sie sagen, er sei das Wort.

In einer ersten Grundschulklasse sitzt ein Kind und fängt plötzlich, mitten im Unterricht der zweiten Stunde, an zu weinen. Hört nicht auf. Die anderen Kinder machen sich schon lustig. Der Lehrer geht zu dem Kind. »Was ist denn los mit dir? Warum bist du so unglücklich?« Erst Schweigen und Weinen, dann: »Ich habe vergessen, wie meine Mutter aussieht!«
Die anderen Kinder lachen. Aber der Lehrer ist ein weiser Mensch.
»Du hast das Gesicht deiner Mutter verloren. Spring schnell nach Hause und schau dir deine Mutter an, dann komm wieder.«
Eine Viertelstunde später sitzt das Kind wieder in der Klasse, ist glücklich und aufgeräumt.

Ich behaupte, diese Trauer und diese Sehnsucht sind in jedem Menschen.
Die tiefe Sehnsucht braucht einen Namen, einen Ort und ein Gesicht, und ich denke dabei – im übertragenen Sinn – an das »Gesicht« Jesu.
Und so kann ich uns nur wünschen, dass wir keine Hemmungen haben, unsere Sehnsucht zu »äußern«. Der Sehnsucht in uns einen Ort, einen Namen und ein Gesicht zu geben.
Weihnachten ist ein Fest, an dem wir feiern, dass unser Blick – unsere Sehnsucht – nicht ins Leere geht, dass die Antwort da liegt. Eine einfache Antwort, in die Kälte eines Stalles, in das Stroh einer Krippe und uns ans Herz gelegt.

 # Ausradiert

Ich will noch nicht von Advent und Weihnachten reden. Erst einige Gedanken nennen, die den Boden bereiten dafür, dass das Kind auch ernsthaft ankommt und nicht als Christkind wieder davonflattert.

Was ist dir, was ist Ihnen schwerer gefallen in diesem Jahr?
Vielleicht zu schwer geworden?
Was hat dich, was hat Sie verletzt in diesem Jahr?
Was ist deine verletzliche Stelle?

Vielleicht ist jemand gestorben.
Vielleicht ist deine Ehe in der Krise.
Vielleicht hast du ein schlechtes Gewissen.
Vielleicht spürst du eine Krankheit.
Vielleicht wirst du nicht so geliebt, wie du es brauchst.
Vielleicht hat die eine Tür das Fass zum Überlaufen gebracht, die eine –
auch noch – verschlossene Tür.
Oder irgendein Faden ist zerrissen.
Ein Traum geplatzt.

Ihr seid sicher – wie ich – viel schuldig geblieben, oft gerade denen, die
einem am nächsten sind.

Hat dich jemand kleingemacht?
Ich höre das von Konfirmanden immer wieder: Der hat mich richtig
fertiggemacht. Die hat mich kleingemacht.
Sie meinen damit Lehrerinnen und Lehrer.
Man hat ihnen vielleicht nur die pure Wahrheit frank und frei ins Gesicht gesagt. Das reicht schon. Wahrheit ist sehr gewöhnungsbedürftig,
wenn sie dir gilt und nicht anderen.
Menschen sind sehr sensible Wesen, aus feinstgesponnenem Gewebe,
auch die Seelen sind komplex, nicht nur das, was du unter dem Elektronenmikroskop siehst.

Die hat mich kleingemacht.
Israel liegt zerschlagen, abgeschlagen auf dem Boden.

Ein kleiner Zweig treibt aus dem abgehauenen, klein gemachten, fertig gemachten Baum.

Wenn nun einer mit Stiefeln kommt, er muss gar nicht böse wollen, dann tritt er auch den kleinen Trieb weg.

Das ist das biblische Bild der »Wurzel Jesse«, des Zweigs, des Rösleins.

»Jesse«, das ist Isai, der Vater Davids, der Ahnherr des Mannes aus Nazareth. Jesus kommt aus dem »Stamm David«, wie es heißt, aus der »Wurzel Jesse«.

Was wir da im Advent besingen und an Weihnachten feiern, hat etwas mit »Kleingemachten« zu tun, mit »Fertiggemachten«, mit »Austherapierten«. Deren Verletzlichkeit nicht mehr zu beschönigen ist. Die Blöße ist nicht mehr zu verbergen.

Israel ist ausradiert.

Jahrhunderte lebt Israel unter fremden Herrschern.

Zur Zeit Jesu ist die Besatzungsmacht Rom, vorher waren es die Griechen, die Perser, die Babylonier, die Assyrer, gelegentlich die Ägypter. Je nachdem, wer in der Region gerade die besseren Waffen und die größere Armee hatte. Israel liegt zwischen Großmächten, die mal von Süden nach Norden, mal von Norden nach Süden »drübergehen«, über die Felder, über die Städte, über die Frauen und über die Kinder.

»Drübergehen«.

»Israel ist ausradiert.«

Man muss nur noch die Radiergummikrümel vom Blatt blasen oder wegwischen.

Tabula rasa.

Das machen die Großen.

Das ist die Erfahrung der Kleinen.

Das ist der Boden, auf dem Advent wächst und Weihnachten glänzt.

Und ist nur zu verstehen, wenn ich selbst aufhöre, den Starken zu spielen. Und das fällt furchtbar schwer. Auch mir.

Ich verstehe diese Advents- und Weihnachtsbotschaft nur als Bedürftiger. Deshalb ist die Adventszeit eigentlich auch eine Fastenzeit. Wobei das Essen und Trinken wahrscheinlich das geringste Problem ist.

Das Fasten des Mundes, das Fasten der Faust ist viel wichtiger.

Andere spüren gelegentlich, wo wir verletzlich sind. Und wir merken gelegentlich, wo sie verletzlich sind. Mann und Frau wissen das voneinander. Kinder und Eltern, gute Freunde kennen die wunden Punkte.

Am besten weiß das der, dessen Herzschlag dir vertraut ist. Wer immer das auch sei.

Ein zweites Bild bereitet so den Boden vor für Advent und Weihnachten.

Im sechsten und siebten Kapitel des Buches Hiob antwortet Hiob auf die erste Rede seines Freundes Eliphas in einer großen Klage. Auch so ein »Kleingemachter«, »Ausradierter«. Seine Freunde widersprechen ihm, geben ihm selbst die Schuld, geben ihm gute Ratschläge. Am Ende seiner Klage findet sich eine – für mich jedenfalls – »erschütternde Definition« des Menschen. Hiob fragt Gott: »Was ist der Mensch, dass du ihn groß achtest und dich um ihn bekümmerst?« (Hiob 7,17)
Übersetzt man die Stelle wörtlich, heißt sie: Was ist der Mensch, dass du ihn groß werden lässt und dein Herz zu ihm hin ausrichtest?
Noch schöner, intimer und besser übersetzt Bernhard von Clairvaux (1090–1153): »Was ist der Mensch, dass du ihn groß machst oder gar dein Herz an ihn grenzen lässt?«
Der Mensch ist das Wesen, an das Gott sein Herz grenzen lässt. Ein intimeres Miteinander, ein näheres Beieinander, ein zärtlicheres Bild für Liebe gibt es nicht.
Das ist Wachstation. Das ist Intensivstation. Das ist die Sonde direkt am Herzen.
Wir würden heute sagen: Da wird jemand zurückgeholt. Aus dem Tod zurückgeholt. Herzmassage.
An der verletzlichsten Stelle sind Gott und Mensch fast zusammengewachsen.
An der verletzlichsten Stelle springt der Funke über. Der Lebensfunke.

Für die Ausradierten, für die »Kleingemachten« gute Nachricht.
Ein kleines Kind.
Kein Kaiser. Keine Armee.
Ein kleines Kind.
Die verletzlichste menschliche Form.
Die bedürftigste Ausgabe Mensch.
Das ist der unerwartete Gott.
Ein Gott, bei dem man sich bücken muss, wenn man ihm begegnen will.
Das ist die Antwort für Seelen, die Stiefel wund getreten haben.

Entsprechend heißt es dann als gute Nachricht für das ausradierte Israel:

»Denn jeder Stiefel, der mit Gedröhn dahergeht, und jeder Mantel, durch Blut geschleift, wird verbrannt und vom Feuer verzehrt.

Denn uns ist ein Kind geboren, ein Sohn ist uns gegeben, und die Herrschaft ruht auf seiner Schulter; und er heißt Wunder-Rat, Gott-Held, Ewig-Vater, Friede-Fürst; auf dass seine Herrschaft groß werde und des Friedens kein Ende auf dem Thron Davids und in seinem Königreich, dass er's stärke und stütze durch Recht und Gerechtigkeit.« (Jesaja 9,4–6b)

Ein vorletztes Bild:

Was hier geschieht, nennen wir in der theologischen Sprache »Versöhnung«. Das hört sich im Deutschen nach Sohn an, aber es kommt von Sühne.

Im Griechischen heißt das Wort katallaggé. In seiner Urbedeutung bedeutet katallaggé »Stellenwechsel«.

Man stelle sich eine Wippe vor, der eine sitzt unten, der andere oben, der eine im Dreck, der andere in lichter Höhe. Der unten ist der Mensch, der oben ist Gott. Und nun legt Gott das entscheidende Pfund drauf, seinen Sohn, zieht den Menschen aus dem Dreck und sitzt nun selbst darin. Stellenwechsel.

Das ist Versöhnung, dass Gott auf seine Kosten uns aus dem Dreck zieht.

Seinen Platz verlässt, um zu retten.

Das kennen andere Religionen so nicht.

Wenn versöhnt werden soll, dann geht das nicht ohne Teilen, ohne Teilgabe, ohne Abgabe, ohne Zuneigung. Auch der Gläubiger muss geben, wenn Frieden werden soll.

Man könnte sagen: Gott gibt sich her für eine verlorene Sache.

Dann nimmt es nicht Wunder, dass er in einem Stall landet, dass hergelaufene, nicht gerade wohlriechende Landarbeiter die Ersten sind, denen Frieden angesagt und Freude verkündigt wird.

Das sind die ohne Qualifikation, die »Outgesourcten« ihrer Zeit.

Erwachsen wird dieses Kind die Nähe suchen von Sündern, von Kranken, von Ausgesetzten, von Loosern.

Die schwächsten Fäden im Netz, die schwächsten Glieder in der Kette.

Mein Schlussbild: The same procedure as every year. Aber nicht »Dinner for one«, sondern »Karl-Bertil Jonsson«.

Vor 40 Jahren schrieb der schwedische Autor und Regisseur Tage Danielsson eine Geschichte über einen 14-jährigen Jungen. Der hat seine eigene Weise gefunden, das Fest zu feiern. Seit 1975 wird die Geschichte als Zeichentrickfilm an jedem Heiligabend im schwedischen Fernsehen gesendet.

Karl-Bertil Jonsson jobbt bei der Reichspost. Er sitzt an der Stelle, wo die Pakete verteilt werden. Vor den Festtagen kommt seine große Zeit. Er sammelt Geschenkpakete an höhergestellte Persönlichkeiten und an reiche Leute und dirigiert sie um. Er gibt ihnen eine neue Anschrift und lässt sie am Heiligabend in die Häuser armer Familien zustellen.

Was ist so faszinierend an diesem Jungen, der in aller Heimlichkeit und immer in Angst, entdeckt zu werden, ein großes Risiko eingeht?

Nahezu eine ganze Nation unterbricht das abendliche Fest zur besten Familienzeit, um abzutauchen in dieses märchenhafte Geschehen.

Ob die Menschen doch ein Gespür dafür haben, was eigentlich Gerechtigkeit ist?

Wenigstens an Weihnachten?

In dieser Versöhnung, in diesem Stellenwechsel, in diesem Umdirigieren der Geschenke, in dieser »Zuneigung Gottes« steckt eine große, auch politische und kulturelle Kraft.

Als für andere Verantwortliche konnten wir diese Kraft im vergangenen Jahr vielleicht manchmal erleben, ob wir nun selbst beschenkt wurden durch einen kleinen »Robin Hood« oder ob es uns gelungen ist, uns gerade denen zu widmen, die uns am meisten brauchen. Den Kleinen, denen, die sich klein fühlen. Denen, die nahe dran sind, »ausgesourced« zu werden.

Ich weiß, das ist nicht einfach.

Wenn es uns trotz innerer Enttäuschungen und äußerem Druck ab und an gelungen ist, uns auf ihre Seite zu schlagen, dann haben wir dazu beigetragen, dass Himmel und Erde ein wenig näher zusammenkommen. Und das nicht nur zur Weihnachtszeit.

# Dem Engel auf der Spur

Ob Weihnachten die Zeit der Engel ist, weiß ich nicht.
Aber die Lieder erzählen davon, die biblischen Geschichten auch.
Bei der Vorbereitung unseres neuen Singspiels für den Familiengottesdienst an Heiligabend stöhnte ein Mädchen: »Alles will ich gerne singen oder spielen, aber nicht schon wieder einen Engel. Das war ich jetzt drei Jahre hintereinander.«
Tatsächlich hatte ich in den letzten Jahren meist die, die keine gescheiten Rollen bekamen, dann zu Engeln gemacht. Engel als weihnachtliche Lückenbüßer. Dieses Jahr sind das übrigens alle Schafe. Eine vergleichbare Karriere an Heiligabend.
Engel, Schafe, Hirten …

Dem Engel auf der Spur …
Engel sind Grenzgänger.
Engel stehen in der Bibel immer im Weg, immer überraschend, meist so, dass es zum Fürchten ist.
Engel stehen am Tor zum Paradies.
Engel schützen den Traum vom Paradies.
Engel bewahren die Unschuld.
Engel bewahren den Menschen davor, die eigene Kindheit endgültig zu verspielen, die Heiterkeit, die absichtslose Zärtlichkeit.
Engel schützen Gottes Schöpfungsidee.
Schützen den Menschen vor sich selbst.
Engel bewachen den umfriedeten Raum.

Diesem Motiv werden Sie in der Bibel noch oft begegnen, wenn Sie sie nach Engeln befragen. Engel sind Gottes Streitmacht, schützen seine Sphäre. Und schützen damit auch den Menschen. Er soll sich nicht übernehmen.
Engel lassen Gottes Atem auf der Haut spüren, ohne dass die Berührten von der Wucht Gottes erschlagen werden.
Sie lassen Spuren der Liebe zurück, Wärme in unserem Gesicht, ohne dass wir in Gottes Glut verbrennen.
Der Engel steht vor Josef, dem »betrogenen« Vater: Fürchte dich nicht, Maria, deine Frau, zu dir zu nehmen; denn was sie empfangen hat, das

ist vom Heiligen Geist. Und sie wird einen Sohn gebären, dem sollst du den Namen Jesus geben, denn er wird sein Volk retten von ihren Sünden.

Der Engel steht vor Maria, dem gutgläubigen Mädchen – wie überhaupt das für mich einzig die »Jungfräulichkeit« ausmacht, dieses unbescholtene, unerfahrene, naive Ja.

Der Engel reißt die Hirten aus dem Schlaf: Fürchtet euch nicht! Siehe, ich verkündige euch große Freude, die allem Volk widerfahren wird; denn euch ist heute der Heiland geboren!

Der Engel reißt Josef aus dem Schlaf, der mit seiner Familie Schutz und Bleibe sucht: Steh auf, Josef, nimm das Kind und seine Mutter mit dir und flieh nach Ägypten.

Krisenzeit ist die Zeit der Engel.

Wenn ich mich an der Bibel orientiere, dann sind Engel Grenzgänger.

Engel kennen sich aus mit wunden Seelen.

Engel kennen sich aus mit Gottes Liebe.

Engel kennen sich aus mit menschlichen Schleichwegen.

Engel kommen uns auf die Schliche.

Engel sind Grenzgänger.

Engel in der Bibel führen kein Eigenleben. Sie erschöpfen sich im Auftrag. Kein Wunder, dass wir sie durchscheinend malen, transparent. Sie haben in der Bibel kein Eigenleben.

Sie kommen. Sagen, was zu sagen ist. Sie warnen, sie kündigen an, sie deuten, bringen vom Irrweg zurück auf den Weg. Tragen menschliche Züge, haben Traumgestalt, sind uns flüchtig bekannt, sind uns weitläufig verwandt.

Sie wehren und warnen. Sie schützen und heilen. Aber sie haben kein Leben in dem Sinn, dass sie Geschöpfe mit eigener Natur, eigener Identität wären.

Auch wenn in der Bibel Engel mit Namen genannt werden, es handelt sich bei den biblischen Engeln nicht um überirdische Individuen, eher um Rollen, Funktionen. Wichtige Funktionen an der Grenze zwischen Oben und Unten – denken Sie an das Hirtenfeld –, zwischen Drinnen und Draußen – denken sie an den Engel an der Pforte zum Paradies oder an Petrus im Gefängnis.

Engel künden Neuanfänge, Umbrüche. Engel, die Grenzgänger in Krisenzeiten.

Ich glaube nicht, dass hinter jeder Hausecke ein Engel steht, der den Schirm aufhält, wenn ein Dachziegel herunterfällt. Das ist kein Glaube, das ist Kitsch oder einfach albern.

Aber in der Bibel steht, dass Gott keinen allein lässt.

Vielleicht doch ein Schutzengel, ein Warn-Engel, ein Behüte-Engel, ein Vorbereitungs-Engel.

Das alte Kinderabendgebet kennt 14 Engel:

»Abends, wenn ich schlafen geh,

vierzehn Englein um mich stehn:

Zwei zu meiner Rechten.

Zwei zu meiner Linken.

Zwei zu meinen Häupten.

Zwei zu meinen Füßen.

Zweie, die mich decken.

Zweie, die mich wecken.

Und zweie, die mich weisen

in himmlische Paradeisen.«

Anselm Grün zählt in seinem bekanntesten Buch gar 50 Engel auf.

Das ist mir zu viel des Guten.

Mir reicht meine Frau.

Nein, sie reicht nicht.

Die Liebe eines Menschen, auch des liebsten Menschen reicht nicht so weit, dass sie schützen, warnen, vorbereiten, behüten kann ein Leben lang.

Gibt es also doch solche Zwischenwesen zwischen Gott und Mensch?

Boten Gottes, die kommen, und kaum sind sie da und haben gesagt oder getan, was zu tun oder zu sagen ist, sind sie auch schon wieder weg.

Eigenartig: Die Spur der Engel verliert sich schnell, wie Spuren im Neuschnee oder Spuren am Strand.

Du willst »danke« sagen oder »halt, warte«, doch der Engel ist schon wieder weg.

Du denkst kurz nach und willst »aber« sagen, doch der Engel ist schon wieder weg.

Der Engel ist nicht ein Halbmensch oder ein Übermensch.

Der Engel ist das lebendige Wort Gottes an deiner Seite. Ein Leben lang.

Gottes lebendiges Wort an deiner Seite. Es wird dir gesagt, und dann musst du es behalten. Die Spur des Engels führt zu dir selbst. Du trägst ihn in dir als gehörtes Wort Gottes.

Der Engel hat Spuren in dir hinterlassen:
Warnungen, Liebesbeweise, Ratschläge, Wahrheiten, Hinweise, Freisprüche, Begnadigungen, Hilfsangebote, Bitten, Lobgesänge und Klagen, Überlebensstrategien und Entschuldigungen, Umwege und Landkarten.

»Unsere Geschichte ist schnell erzählt«, sagt sie. Sie war allein in unser Pfarramt gekommen. Und ich hatte nach ihrem Kind, nach ihrem Mann gefragt. »Im September geheiratet, im Februar schwanger, im Mai ist er ausgezogen, im November Mutter, zu Weihnachten waren wir geschieden«, sagt sie.
Schnell geht das heute. Und nun sitzt sie allein da.
Sie hat es so gewollt. Sie fühlt sich nicht als »Opfer«. Sie ist eine selbstbewusste junge Frau. Sie studiert – sagen wir mal – in Heidelberg Medizin. Sie wird den Doktor und vielleicht einmal Karriere machen.
Wie sie so vor mir sitzt, ihre Papiere sortiert und ab und zu verschmitzt lacht, erzählt sie von dem Engel, der sie geleitet hat. Ein Engel. Bei der Geschichte. »Sie verstehen das«, sagt sie, »da war ein Engel. Die ganze Zeit war da ein Engel bei mir, bei uns.«
Ich muss etwas irritiert geschaut haben.
Sie fragt mich, ob ich an Engel glaube.
Ob ich an Engel glaube?

Ich habe nicht oft darüber nachgedacht.
Doch dann kommen sie in Erinnerung:
Die Nachbarin, die mich vor dem Erstickungstod rettete.
Der Fremde, der mich warnte.
Der Autoschlosser in Südfrankreich.
Der katholische Nachbarpfarrer, der meine Beichte hörte.
Der Autofahrer, der bremste.
Das Mädchen, das bei Nacht und Nebel Calcium besorgte. Engel.
Und die vielen Gebete, die ich nicht kenne.
Die guten Wünsche und die offenen Türen und die ehrlichen Warnungen.
Engel.
Nein, da ist in meinem Leben wenig selbstverständlich.
Da ist nicht alles selbst erarbeitet.

An den Netzen, die uns auffangen, haben viele geflochten.
Die Wege, die wir gehen, sind viele vor uns auf und ab gegangen.
Die Häuser, die uns bergen, haben viele wohnlich gemacht.
Ob ich an Engel glaube, hat sie gefragt.
Sie sei sich sicher, bei allem Durcheinander bewahre sie ihr Engel.
Ob ich an Engel glaube.
Ja, wenn ihr so wollt, ich glaube an Engel. Ich kenne meine Grenzen.
Ich sehe die Welt mit offenen Augen.
Und ich höre Gottes Wort mit offenen Ohren.
Deshalb glaube ich an Engel.

Engel seien Grenzgänger, habe ich gesagt.
Engel schlagen an den Grenzen unseres Lebens Brücken, sagt die Bibel.
Manchmal sperren Engel auch Brücken.
Manchmal begegnen uns an unseren Grenzen Engel,
damit wir uns nicht verlaufen.
Die biblische Rede von Engeln hat dann einen Sinn, wenn es den Ort Gottes wirklich gibt.
»Utopie« ist Griechisch.
ou topos heißt »kein Ort«.
Etwas, was keinen Ort hat, das ist Utopie.

Frieden, verlässliche Liebe, geschützte Räume, eine Antwort auf den Tod – Utopie?
Oder hat das alles schon einen Ort, an den ich zeigen kann: Schau, da ist Frieden! Da ist eine Antwort!
Wir Christen sagen, Jesus Christus sei der Ort Gottes. Das Sensibelste. Das Herz.
Die biblische Rede von Engeln hat dann einen Sinn, wenn es den Ort Gottes wirklich gibt.
Die biblische Rede von Engeln – das ist das Zweite – hat dann einen Sinn, wenn unter der Brücke und unter dem Wasser die beiden Ufer längst miteinander verbunden sind. Drinnen und Draußen, Oben und Unten. Himmel und Erde. Gott und Mensch. Unter der Oberfläche längst eins. Unter der Haut – längst eins.
Wir Christen sagen, das sei so.

Kurze Geschichten

Die schönste Nacht der Rose

»Oh, tut das noch weh!«, sagte der Zweig neben mir. Schluchzen und Schweigen. Kleine Tränen tropften von seiner Wunde auf den Boden. Ein harter Boden. Wie überhaupt das Leben hart war. Hinter uns dieser Berg aus Steinen. Aufgehäuft. Steine, die man in der Erde fand. Die störten das Wachstum der Weinstöcke. Das war ihm wichtig. Die Weinstöcke und der Verdienst. Und wir?

Der Zweig neben mir war wieder verstummt. Er würde nie mehr so sein. Vielleicht ein neuer Trieb. Vielleicht braun nach dem Winter. Wisst ihr, wir fürchten uns vor den Schnitten der Menschen. Sie töten uns mit einem einzigen Schnitt. Aus Liebe, sagen sie.

Wenn nur der Rest des Zweiges neben mir aufhören würde zu weinen. Dann könnte ich besser erzählen. Man muss wirklich vorsichtig sein, heute. Sie sind schnell mit dem Messer und flink mit der Schere. Ein Dorn zu viel oder etwas schräg gewachsen oder ein wilder Trieb. Furchtbar muss sie das treffen. Und deshalb schneiden sie uns. Schnell und glatt. Das haben sie gelernt. Auch die Messer sind besser als früher. Es geht einfach alles schneller. Aber das ändert nichts.
Ja, ich weiß, ich komme ins Plaudern. Das ist nicht gut. Ich hab' nicht viel Zeit. Jedenfalls war es in jener Nacht wie ein Wunder. Damit ich zum Thema komme. Menschen, Menschen, Menschen. Wie soll ich einfache Rose unterscheiden. Mann, Weib, Greis oder Kind – sie schneiden uns alle, töten uns alle, biegen uns grad, düngen und kreuzen, versetzen und stechen. Jedenfalls irgendwas machen sie immer. Und wenn sie fertig sind, sind wir tot und sie stolz. Sie nennen das veredeln. Vielleicht haben sie Recht. Aber wir sehen das anders.

Jedenfalls war es in dieser Nacht wie ein Wunder. Nicht nur, dass da ein Riesenklotz von Stern am Himmel hing. Fast so, als wolle er die Nacht zum Tag machen. Nicht nur, dass da Menschengetrampel und Menschengerede auf und ab gingen den ganzen Tag. Unsere Schwestern, die Gräser, schrien um Erbarmen, doch keiner hörte sie. Und – Gott sei's gedankt – wurde es doch Abend. Trotz der Helligkeit des Sterns. Und trotz dieses wichtigen Durcheinanders.

Da geschah es. Und nur, weil es geschah oder besser: nicht geschah, kann ich überhaupt noch erzählen. Da kamen fünf Menschen, weiß ich's, ob Mann, ob Frau, ob Kind, ob Greis. Sie waren aufgeregt. Sie rochen aufgeregt. Sehr müde und abgespannt. So riecht keiner aus der Stadt. Wohin die jetzt noch gehen?, dachte ich bei mir und erschrak, als einer den anderen fragte: Und wenn die Engel Recht haben? Und wenn der Erlöser kommt in dieser Nacht? Und wenn wir ihn da drin finden – was können wir ihm schenken? Was bringen wir ihm mit? Und ein anderer sagte: Nichts hab' ich. Nichts hab' ich, wenn der Erlöser kommt und die Engel Recht haben. Nichts hab' ich. Schneid' mir wenigstens die Rose da drüben ab.

Da drüben die Rose.
Kennt ihr das Gefühl? So kurz vor dem Schnitt, wenn du den Menschen schon riechst, das Metall schon ahnst, so kurz vor dem Entsichern der Gartenschere? Kurz davor der Schweißausbruch, den keiner sieht. Ihr redet von Duft. Oh je. Ihr habt nie eine Rose gerochen, ungeschnitten, in Freiheit. Zwischen Bruderzweig und Schwesterzweig. Zwischen Erde und Himmel.

Doch es kam alles anders. Nicht so, wie meine Zweigväter und -mütter erzählten. Nicht kurz und kalt und schnell und dann die wenigen Tränen, Tropfen auf Stein und Boden, und das braune Absterben.

Schneid' mir wenigstens die Rose da drüben ab!
Ich weiß, das bin ich. Mitten in der Nacht. Ohne diesen Stern hätten sie mich nicht einmal gesehen. Ach nein, höre ich eine Stimme. Du hast immer noch nicht begriffen, sagt da Mensch zu Mensch. Willst du Gott beschenken mit einer Rose aus seinem Garten? Willst du wirklich Gott beschenken mit einer Rose, die er wachsen ließ in seinem Garten?

Und dann wurden die Schritte leichter und die Stimmen leiser.
Eine Rose aus seinem Garten, dachte ich. Wessen Garten? Es muss ein wundervoller Mensch sein, um dessentwillen man die Rosen schont. Es muss etwas Großartiges sein. Ich versteh' das nicht. Ich weiß nur: Mich hat keiner geschnitten in dieser Nacht. Sonst könnte ich nicht erzählen.

Es muss ein wundervoller Mensch sein, um dessentwillen man die Rosen schont.

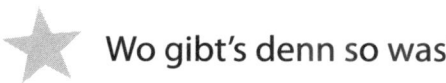

Wo gibt's denn so was?

Es war einmal ein kleiner Vogel. Der Sommer hatte ihn mit einer wunderbaren Stimme und mit glänzenden Federn beschenkt. Nun kam der Herbst, spielte mit seinem Farbenkasten und regnete Blätter. Welt, wie bist du schön …

Es kam der erste Winter für unseren kleinen Freund. Der weiße Winter deckte mit seinen kalten Nächten und mit seinem verschwiegenen Schnee alles zu – die Stimme des Sommers, die Farben des Herbstes, die Blätter und das Essen.

Erregt flatterte der kleine Vogel von Feld zu Feld, von Wiese zu Wiese: nichts zu essen, nichts zu spielen. Ich habe Hunger.
So flatterte er ein, zwei, drei Tage, dann fiel er ermattet in den kalten Schnee.

Da kam eine Katze vorbei. Hunger im Magen. Sauer über die Nässe und Kälte: nichts zu essen, nichts zu spielen. Ich habe Hunger.

Sie sah den kleinen Vogel. Tappte auf ihn zu. Was ist denn los mit dir? Ach, alles schlecht, sagte der kleine Vogel. Nichts zu essen, nichts zu spielen, ich habe Hunger. Du auch?, sagte die Katze. Und fand den kleinen Vogel plötzlich gar nicht mehr so zum Fressen, sondern eher niedlich und nett.

Sie unterhielten sich eine Weile, lachten miteinander. Und da fing der Schnee an zu schmelzen. Die Erde brach auf. Kleine grüne Halme zwängten sich durch harte Schollen, blühten in den schönsten Farben. Den zweien wurde es warm. Sie hatten was zu essen. Vegetarisch – aber immerhin, dachte die Katze. Und überall, wo sie hinkamen, schmolz der Schnee, und das Leben erwachte.

Doch – wenn du heute über Felder gehst und dort Vögel und Katzen triffst, hörst du nur: Alles Larifari! Wo gibt's denn so was? Vogel und Katze, Frühling im Winter? Wo gibt's denn so was?

 # Drei Könige lernen teilen

Die drei Könige haben lange beim Kind gesessen. Dankbar, voll von den Eindrücken am Ziel ihrer langen Reise. Jeder von den dreien hatte seine Geschenke neben die Krippe gelegt. Nun nahmen sie Abschied. Doch jeder dachte bei sich: Ich will zur Erinnerung an das wunderbare Geschehen eine Kleinigkeit mitnehmen. Aber außer ihren Geschenken war wenig im Stall, und das wenige wollten sie dem Kind und seinen Eltern lassen.

So nahm der eine König etwas Erde vom Boden, füllte sie in einen Beutel und hängte ihn an seinen Mantel.

Der andere König füllte etwas Wasser aus dem Trog in ein Fläschchen, verschloss es gut und legte es in seine Reisetasche.

Der dritte König bat um einige Strohhalme aus der Krippe. An einem Halm war sogar noch eine ganze Ähre mit Körnern. Stroh und Ähre verwahrte er ganz sorgfältig in einem Kästchen.

Draußen war es schon fast wieder Tag. Der Himmel wurde heller und die vielen Sterne verloren immer mehr an Kraft. Nur der große Stern, der ihnen den Weg gezeigt hatte, leuchtete noch kräftig, als wolle er das Wunder der Nacht in den Tag hineinstrahlen lassen.

Schweigend traten die Könige vor die Hütte. Schweigend umarmten sie sich und schweigend nahmen sie Abschied voneinander. Dann gingen sie auseinander, jeder in sein Land. Der eine nach Osten, der andere nach Süden und der dritte nach Westen.

Sie waren erfüllt von dem, was sie gesehen und gehört hatten, und freuten sich darauf, zu Hause von allem erzählen zu können.

Der König des Ostens ritt auf einem schwarzen Pferd.

Der König des Südens ritt auf einem Kamel.

Und der König des Westens fuhr mit einem Schiff.

So kamen sie alle recht schnell zu Hause an. Wem immer unterwegs sie begegneten, erzählten sie von dem Wunder im Stall und zeigten ihre Schätze. Der König des Ostens zeigte das Wasser, der König des Südens zeigte die Erde und der König des Westens die Ähre mit den Körnern.

Doch welch ein Erschrecken, als sie zu Hause ankamen. In allen Ländern weinten die Menschen, waren traurig und lebten in Angst.

Das Land im Osten war nach einem großen Unwetter überschwemmt.

Deiche waren gebrochen, Felder und Äcker überflutet, nichts konnte wachsen. Die Menschen hungerten und waren ohne Hoffnung. Ohne feste Erde und ohne Saatgut konnten sie nicht leben.

Das Land im Süden litt seit Jahren unter einer großen Dürre. Kein Regen war gefallen. Die Erde war verkrustet und trocken. Nichts konnte mehr wachsen. Die Menschen hungerten und verzweifelten. Ohne Wasser war alles aussichtslos.

Das Land im Westen war durch ein großes Erdbeben zerstört. Die Lebensmittel wurden immer knapper und die Menschen begannen schon, sich um ein Stück Brot zu schlagen. Ohne Hilfe von außen waren sie verloren.

Da waren also die drei Könige nach langer Zeit endlich wieder zu Hause, wollten erzählen von der Geburt des Erlösers, und nun dies. Verzweifelt saßen sie da, der König im Osten vor der Überschwemmung, der König im Süden vor der Dürre und der König im Westen vor den Trümmern in seinem Land. Geblieben waren ein Beutel Erde, eine Ähre, ein Fläschchen mit Wasser. Mehr nicht. Kein Gott, keine Hilfe, kein Engel und kein Kind. Nicht einmal ein Stern am Himmel.

Fast gleichzeitig, als sie so traurig dasaßen, schauten sie zum Himmel. Da war er! Da war der große Stern! Der Stern, der ihnen schon einmal den Weg gezeigt hatte zum Kind und seinen Eltern. Das musste ein Zeichen sein, ein Zeichen Gottes, der ihnen helfen wollte.

Schnell packten sie ihre Reisetasche und vergaßen nicht die Erde, das Wasser und die Ähre. Der König im Osten nahm das schnellste Pferd seines Landes, der König im Süden das schnellste Kamel, der König im Westen bestieg das schnellste Schiff. Und so war es kein Wunder, dass sie nach wenigen Tagen Reise mit der Hilfe des Sterns aufeinandertrafen. Aber da waren kein Stall, kein Kind und keine Eltern. Da waren nur sie. Betreten schauten sie sich an. Jeder holte aus seiner Tasche, was er damals mitgenommen hatte im Stall von Bethlehem. Der König des Ostens das Wasser, der König des Südens die Erde und der König des Westens die Ähre. Da lagen die Schätze nebeneinander: Erde, Wasser und Weizenkörner.

Jeder erzählte vom Unglück in seinem Land. Vom Wasser, von der Dürre, vom Erdbeben. Und jeder erzählte, was seinem Volk so dringend fehlte. Und als sie so zu dritt beisammensaßen um Erde, Wasser und Ähre, da gingen ihnen die Augen auf. Sie merkten: Wenn wir zusammenlegen, die Erde, das Wasser und die Körner, dann kann Weizen wachsen, Brot für unsere Menschen. Eigentlich müssen wir nur teilen, was wir haben. Eigentlich müssen wir nur die Grenzen öffnen, teilen und zusammenlegen. Wenn wir so teilen, dann reicht das Brot eines Tages für die ganze Welt. Sie umarmten sich und nahmen Abschied.

Zu Hause angekommen, gaben sie den Soldaten Befehl: »Öffnet die Grenzen! Teilt, was ihr habt! Gebt ab, was den anderen fehlt!«

Und so teilten die Völker des Südens, des Westens und des Osten, was sie hatten. Kein Mensch musste vor Hunger sterben. »Danke, lieber Gott«, sagten alle Menschen im Osten, Süden und Westen, »danke, lieber Gott, dass das Kind in der Krippe unseren Königen einen Weg gezeigt hat aus dem Elend.«

Und sie feierten alle miteinander ein großes Fest, kunterbunt, wie es auf der Erde bis dahin noch nie gefeiert worden war.

Und die Könige sandten Boten aus dem Land des Osten, aus dem Land des Südens und aus dem Land des Westens zum König des Nordens. Und den Boten gaben sie als Zeichen des Wunders Erde, Wasser und eine Ähre mit.

Der Stern begleitete die Boten auch in das Land des Nordens. Die Boten erzählten auch im Land des Nordens vom Kind in der Krippe, vom Heiland der Welt, von den Engeln, vom Frieden und von dem Wunder, das sie selbst erlebt hatten.

Und so erreichte die wunderbare Nachricht von der Geburt des Erlösers auch unser Land.

Predigten zur Christvesper und zum Christfest

Alle, alle, alle – (die an ihn glauben) (1. Weihnachtstag)

Johannes 3,16–18

Eigentlich müsste ich Ihnen vorsingen, was ich meine. Es gibt eine bekannte Motette von Heinrich Schütz über diese Bibelverse: »Also hat Gott die Welt geliebt«.

Es reicht, wenn ich Ihnen den Text sage: »Auf dass alle, alle, alle, alle, die an ihn glauben, nicht verloren werden.«

Da ist zuerst die gute Nachricht: Alle sind gemeint. Und dann kommt die Einschränkung: Alle, die an ihn glauben.

Heinrich Schütz will das 1648, am Ende des Dreißigjährigen Krieges, in dieser Gewichtung so nicht stehen lassen. Er legt auf der Seite der Liebe Gottes noch Gewicht um Gewicht dazu: Auf dass alle, alle, alle, alle, die an ihn glauben, nicht verloren werden, sondern das ewige Leben haben.

An Heiligabend versichern wir uns gemeinsam, dass es eine große Freude gibt, die allem Volk widerfahren soll. Allem Volk. Auch dem Zweifler, auch dem schuldig Gewordenen. Auch dem Versager. Dem Depressiven wie dem Gescheiterten. Den Soldaten unter dem Kreuz wie dem Räuber, der mit Jesus gekreuzigt wird.

Auf dass alle, alle, alle, alle, die das Feiern verlernt haben und sich doch immer neu hineinretten wollen, wenigstens in den kleinen Frieden mit den Menschen um sich, wo doch der große Friede mehr und mehr Sprünge hat …

Auf dass alle, alle, alle, alle, die der Kirche und ihrem Gott nicht mehr trauen können, und doch immer wieder neu in sich eine eigenartige Sehnsucht spüren nach einem, der alles zum Guten wendet, der bei allem Auseinanderbrechen die Welt im Innersten zusammen- und bei allem Durcheinander das Leben im Lot hält …

Auf dass alle, alle, alle, alle, die Vergewaltigten wie die Vergewaltiger, die Täter wie die Opfer, die Geschundenen wie die Freien auf neuen Füßen gehen lernen, neue – endlich gute – Erfahrungen machen; dass die einen endlich lassen von ihrem schändlichen Tun und die anderen endlich aufatmen und aufrecht gehen können, weil Gott keinen Frieden schließt auf Kosten seiner Menschen. Gott schließt Frieden auf eigene Kosten.

Auf dass alle, alle, alle, alle versöhnt werden.

Dem Johannesevangelium spürt man dieses Hin- und Hergerissensein auf jeder Seite ab. Gott kommt zur Welt, und selbst die Seinen nehmen den Sohn nicht auf. Das Licht kommt in die Finsternis, doch die Finsternis macht keinen Gebrauch davon. Millionen hören auch heute die Weihnachtsbotschaft, und können sie nicht mit ihrem Leben verzahnen. Alle sind gerettet, wenn sie glauben. Und nur wenige glauben.

Textlesung: Johannes 3,16–18

Da gibt es alle möglichen Versuche, glücklich zu werden. Alle möglichen Wege, Sinn zu finden. Müsste die Kirche nicht auch einmal ein wenig nachgeben, sagen manche. Nachgeben, und diese strenge Bindung an Christus aufgeben. Den Ausschließlichkeitsanspruch dieses Weges aufgeben. Wer aber nicht glaubt, der ist schon gerichtet, denn er glaubt nicht an den Namen des eingeborenen Sohnes Gottes. Nein, das ist kein Text, mit dem man Wunden schließen und Menschen versöhnen kann. Das ist doch ein Text, der trennt, der die eigene Wahrheit absolut setzt. Der damit andere ausgrenzt. Alle die, die nicht an Jesus Christus glauben.

Sind wir Christen nach Jahrhunderten Trennungen, Spaltungen, Kriegen und Irrtümern um des Friedens willen bereit, unsere alten Standpunkte zu verlassen? Nachzugeben im Konzert der Religionen?

Liebe Freunde, es gibt nicht wenige, auch in unserer Kirche, die so verstanden werden können. Die um des Friedens willen Wahrheiten anbieten im Tausch gegen – ja gegen was eigentlich?

Weihnachten ist ein – Christfest. Ostern ist ein – Christfest. Pfingsten ist ein – Christfest. Wenn diese Feste einen Sinn haben sollen, dann doch den, den Menschen zu sagen, warum ohne Christus kein Frieden sein wird.

Wenn wir das hergeben – das Heil in Jesus, dem Christus –, dann feiern wir an Weihnachten uns selbst. Die Geburt des Kindes in uns. Kirche verkauft sich. Es ist ein Ausverkauf. Man hat mittlerweile den Eindruck, Bekenntnisse sind hinderlicher Ballast. Aber wenn das Salz schal geworden ist und den Geschmack verloren hat, womit soll man salzen?

Nein, keine Pfarrerin und kein Pfarrer darf an Heiligabend sich davonschleichen, ohne den Ernst der Geschichte beim Namen genannt, ohne zum Glauben an Jesus Christus eingeladen und die Vergebung der Schuld zugesprochen zu haben.

Dabei, das ist das Eigenartige, das Kind hindert nicht am nötigen Ernst. Nur der, der noch keine Geburt miterlebt hat, wird aus der Geburt eines Kindes eine verträumt-kitschige Angelegenheit machen. Geburt, das ist größte Lebenskrise, wie immer man es anschließend verarbeiten oder verklären mag. Es ist ein Politikum ersten Ranges, dass die Bibel das Kommen Gottes in einen Stall verlegt, in die Geburt einer jungen, unerfahrenen Frau, vielleicht 14, 15 oder 16 Jahre alt. Menschen auf der Flucht zudem. Gottes erstes menschliches Wort ist ein Schrei über die Kälte, und die Nachricht seiner Geburt löst Schrecken aus unter den Landarbeitern auf den Feldern Bethlehems. Da trösten auch Gold, Weihrauch und Myrrhe kaum über den Schmerz der Geburt, über die Abnabelung und die Kälte hinweg. Jetzt, jetzt ist Gott »zur Welt gekommen«.

Um keinen Preis der Welt werde ich auf diese Wahrheit verzichten. Wenn uns eines unterscheidet von anderen Religionen, wenn uns eines dem Vorwurf der Lächerlichkeit oder Geschmacklosigkeit preisgibt, dann die Rede vom Gott in Windeln gewickelt und in einer Futterkrippe liegend. Dies habt zum Zeichen, dass er Gott ist, Gottes einziger Sohn. Gott in Windeln, Gott am Kreuz, Gott in eines Fremden Grab. Eine Peinlichkeit und Unmöglichkeit nach der anderen.

Was ist Wahrheit, fragt Pilatus am Ende dieser Geschichte. Das ist Wahrheit, sagt Johannes zu Beginn: Gott gibt. Auf dass alle, alle, alle, alle … Auf dass der Türkenjunge und die Frau aus Kurdistan, der Neonazi und der Autonome, auf dass der Personalchef und der Entlassene, der Satte und der Hungernde nicht verloren werden.

Wir verlieren so vieles unterwegs: Anstand und Geduld, Träume und Zeit, Geld und Nerven. Das Leben ist ein andauerndes sich Verlieren, ein andauerndes Abschiednehmen, ein täglicher Schrei über die Kälte. Mit den Worten des Johannes: Das Leben ist täglich – täglich! – Gericht. Und ist täglich – täglich! – Freispruch zu seinen Lasten. Jeden Morgen stehen wir auf, in der Lage, gestrige Fehler zu korrigieren, gestrige böse Worte zurückzunehmen, alt gewordene Liebe neu zu entfachen, Vorurteile zu kippen, Bäume zu pflanzen, jeder Tag eine – meine ganz eigene – Geburtsgeschichte.

Nein, bei aller Menschenliebe und Friedenssehnsucht, ich bin nicht bereit, diesen Christus auf dem Altar vordergründiger Verständigung oder opportunen Mehrheiten zu opfern. Er hat sich längst selbst geopfert. Gegeben, sagt unser Weihnachtstext. Vom Vater gegeben. Auf dass alle, alle, alle, alle, die an ihn glauben, nicht verloren werden, sondern das ewige Leben haben.

Die Rettung der Welt, mein ganz persönliches Schicksal ist für Christen an Christus gebunden. Diese Chance ist noch viel zu wenig entdeckt. Es ist, als ob einer den Kreuzbauern beim Skat bis zum Schluss behält und nur noch zwei müde Siebener damit gewinnt. Es ist, als ob jemand aus falsch verstandenem Stolz die Lebenshilfe verweigert und lieber ertrinkt, als nach dem Seil zu greifen. Jesus Christus ist kein Symbol, kein Bild, sondern die Wirklichkeit Gottes in meinem Leben, oder nicht. Rettung oder Gericht.

Es wird, am Ende des Dreißigjährigen Krieges noch verständlicher als heute, schwierig gewesen sein, den Menschen zu übersetzen, dass Gott in die Welt kommt zur Rettung. Millionen Tote damals sind ein schlagendes Element gegen jede Christbaumkerze. Und doch: Heinrich Schütz, vielleicht der »evangelischste« aller Kirchenmusiker, sagt es auf seine Weise: Auf dass alle, alle, alle, alle, die an ihn glauben, nicht verloren werden.

Alle, alle, alle, alle. Ich kann es nicht eindrücklicher und deutlicher sagen als er.

Weihnachten ist ein Christfest. Gott schreit in der Kälte eines Stalles nach Wärme. Er hofft, wir nehmen dieses Flüchtlingskind an. Und trauen ihm unsere Rettung zu. Damit wird aus einem königlichen Hofbulletin eine Geschichte auf Leben und Tod. Nichts weniger. Oder drehen wir die Reihenfolge um. Eine Geschichte auf Tod und Leben. Meine Geschichte. Deine Geschichte. Eine Geschichte auf Tod und Leben. Eben – auch auf Leben. Kein Bühnenbild, kein geschickter Einfall des Regisseurs, ein ganz neues Stück. Mein Leben! Mein Leben als ganz neues Stück. Mein Gott, das ist doch ein Fest wert! Dieses Fest wird in keiner anderen Religion gefeiert. Keine andere Religion kennt auch eine ähnliche Geschichte; und wir, wir würden ohne Not das Kostbarste sein lassen.

Sich arrangieren ist noch lange kein Frieden. Sich verständigen ist noch lange kein Gespräch. Wer auf den Glauben an Christus als den Sohn Gottes, als Gottes Rettung für uns, verzichtet, arrangiert sich auf Kosten des Friedens, verständigt sich auf Kosten eines Gesprächs, lebt auf Kosten des Lebens.

Macht den Tempel zum Zelt,
macht die Kirche zum Stall.
Hütten statt Dome,
Herzen statt Steine,
Gesichter statt Statuen
und Körper statt Säulen.

Ihr seid die Kunstwerke Gottes.
In eure Augen das Feuer seiner Liebe.
In eure Hände die Kraft seines Geistes.
In euren Mund seine Verheißungen.

Macht den Tempel zum Zelt,
macht die Kirche zum Stall.
Hütten statt Dome,
Herzen statt Steine,

ein Kind uns geboren,
ein Sohn uns gegeben.
Fürchtet euch nicht!

Mensch geworden – Geheimnis des Glaubens

Lukas 2 und Nicänum

Die folgende Predigt richtet sich an die erwachsene Gemeinde, die an Heiligabend eine besondere und eine besonders erwartungsvolle ist. Den stillen Hintergrund bildet die Frage: Warum kommen heute die Menschen in so großer Zahl? Die Frage wird nicht moralisch an die Gekommenen weitergegeben. Diese sollen vorsichtig und nachdenklich hören und spüren, dass sie selbst ein Teil des großen Geheimnisses sind, von dem die Texte und Lieder erzählen. So ist auch als »Predigttext« die vertraute Weihnachtsgeschichte einerseits und das kurze Bekenntnis aus dem Nicänum – homo factus est – gewählt. Die Predigt setzt voraus, dass Lukas 2 als Evangelium oder als Predigttext bereits gelesen ist.

Ein Besucher fragte Rabbi Naphtali: »Wir haben gelernt, dass das Universum vor 6000 Jahren erschaffen wurde. Astronomen behaupten nun aber, es gäbe einen Stern, der nur alle 36 000 Jahre zu sehen sei.« »Na und?«, sagte der Rebbe. »Gott ist auch in diesem Geheimnis zu finden. Ihn musst du suchen, nicht den Stern.«

Nun, dies Geheimnis scheint für uns gelöst. Wie so viele Geheimnisse gelöst sind. Ob nun seit der Entstehung unseres Universums 5 oder 12 Milliarden Jahre vergangen sind, all die Geheimnisse, die sich in Zahlen und Nullen und Formeln ausdrücken lassen, sind wahrscheinlich lösbar. Das ist nur eine Frage der Zeit.

Na und, sagt der Rabbi, Gott musst du suchen, und nicht den Stern. Gott musst du suchen.

Wenn wir es richtig deuten, was in alten Gräberfunden sämtlicher Kulturen zu finden ist, was in den am weitesten abgelegenen Schubladen der menschlichen Geschichte ans Tageslicht kommt: Es ist Religion. Es ist der Versuch, auf je eigene Weise einen Schlüssel zu dem Geheimnis zu finden, das den Stern und mein Leben, die Jahreszeiten und mein Sterben, die Sonne, den Fisch, den Grashalm, die Geburt meiner Kinder, die Erdbeben, die Lächerlichkeit meiner Fehler und die Liebe zweier Menschen verbindet. Seit es Menschen gibt, suchen sie nach einer Formel, nach einer Lösung, zumindest nach einem Netz, das sie hält, und sei es geflochten aus puren Hoffnungen.

Und in diesem Kommen und Gehen der Jahrtausende und Jahrmilliarden möchte ich wissen, ob mein Punkt, meine Linie, mein Weg einen Sinn hat. Ob ich etwas, und wenn ja, was ich anderes bin als ein Zufallsprodukt. Spätestens wenn ich nach dem Sinn frage, bin ich bei der Frage nach Gott. Jedenfalls nennen die Religionen seit Menschengedenken den oder das, was zusammenhalten könnte, was Ja und Nein sagt, was nun nicht mehr mit Nullen rechnet, sondern einfach ist und bleibt und gilt, das nennen die Religionen Gott. Und sie opfern Gott, sie beten zu ihm, sie feiern Gottesdienste, sie halten sich an Regeln, sie erzählen von Weisen, die ihm begegnet sind in der Stille. Und nennen ihre Angst, und sie erzählen von ihren Toten und von den Sorgen um die Lebenden. Und hoffen, dass dieser Gott ihre Wünsche erfüllt, die Sehnsucht nach Frieden, die Sehnsucht nach Heilung und Schonung, den Erhalt der zerbrechenden kleinen Welt und die Steuerung der fremden, großen, mächtigen Gewalten, die mit ihrem Leben zu spielen scheinen.

Und sie gehen zu den Weisen, die stunden-, tagelang schweigen und warten und beten und singen, – sie gehen zu den Weisen und fragen: Wie ist es mit der Zukunft? Wie ist es mit der Vergangenheit? Wie ist es mit den Verstorbenen und was wird mit den Enkeln? Und wann kommen die Stürme, wann kommt das Meer und wann die Dürre? Und sie fragen: Warum kommt die Dürre zu der Zeit, wo wir Wasser bräuchten, und warum kommt ein Krieg zu der Zeit, da wir Kinder gebären? Warum trifft uns die Gewalt des Hagels mitten in fröhlicher Runde, und was haben wir getan, dass sie uns zu Abertausenden in den Tod schicken?

Sie fragen. Das ist schon etwas. Andere stellen keine Fragen mehr. Sind zufrieden mit der Welt der Nullen, in der zwischen Tausend und einer Milliarde kaum ein Unterschied besteht. Unter uns leben Menschen, die Geheimnisse fürchten. Die Religion fürchten. Die Fragen fürchten. Die Angst haben vor denen, die ihre Wege deuten und ihnen die Augen öffnen könnten.

Unter uns leben viele, die sich betäuben mit den Mitteln, die unsere Kultur bereithält: Unterhaltung, Alkohol, Spiel, Geschwätz, Zerstreuung, Kauf, Besitz, Rausch, Habe. Sie fürchten, dass ans Licht kommt, was ihr Leben betäubt. Sie fürchten die Engel, die ihre Schatten ausleuchten. Sie fürchten auch Religion. weil darin etwas lebt, was tief in ihnen schreit und leben will und gesagt sein will.

Die am meisten Verwundeten stellen keine Fragen mehr. Sie schlagen zu.

Sie nehmen weg. Sie machen kaputt. Sie weinen ihre Tränen als Schläge ins offene Gesicht anderer. Weil sie nie gelernt haben, ohne Furcht offen jemand ins Gesicht zu schauen. Weil sie nie gelernt haben, dass da ein Friede ist über alle Vernunft. Weil sie nie gespürt haben, dass es eine Liebe gibt jenseits aller Traditionen und Konventionen und Pflichten.

Nicht nur im Kreis der Fragenden muss unsere Weihnachtsbotschaft bestehen. Sie muss im Kreis derer zum Tragen kommen, die keine Fragen mehr stellen. Und dieser Kreis wird größer. Immer mehr, die keine Geheimnisse mehr ertragen.

Kitzel ja, und Schauer über den Rücken ja, und Grausen ja, und Horror und Spannung und Spaß, – aber kein Geheimnis. Ja keine Frage, die unter die Haut geht. Ja keine Frage nach dem Sinn. Es zählt nur, was nützt. Es zählt nicht das, was Sinn macht. Es zählt nur, was nützt.

Gibt es etwas, was auch als Notration in Zeiten der Dürre und in wüsten Gegenden der Lüge standhält? Etwas, bei dem unsere Lichter und dieser Baum, bei dem unsere Bereitschaft, zu feiern, sich nicht als Geschwätz entpuppt, sondern trägt?

Das darf keine lange Rede sein. Eher ein Wink, ein Zeichen, ein Bild. So wie sich der Läufer, der die lange Strecke läuft, über 42 Kilometer, so wie der sich bei Kilometer 28,5 keine Predigt anhören will, auch keine wissenschaftliche Erklärung über Kohlehydrate, Eiweiße, Mineralien und Übersäuerung. Er greift nach einem Becher Flüssigkeit und muss sich darauf verlassen, dass ihm sein Trainer, sein Betreuer nicht übel mitspielt.

Das alte ökumenische Bekenntnis aus Nicäa, von allen christlichen Kirchen als das ökumenische Bekenntnis am höchsten geachtet, bekennt an zentraler Stelle: »homo factus est« – er ist Mensch geworden.

ER. ER – der Schlüssel, ER die Antwort. Man muss es fast so überdeutlich sagen: ER wird benutzt. ER wird benutzt von Gott. Dieses alte Bekenntnis erzählt von Christus im Passiv, erzählt, dass mit ihm etwas geschieht. Die Menschwerdung Gottes als Ausdruck des Leidens. Nach dem kurz aufleuchtenden Licht, dass der Mensch einer solchen Ehre wert ist, folgt in dem Bekenntnis sogleich das: »Crucifixus est etiam pro nobis« – er ist gekreuzigt worden für uns.

Er ist der Anker Gottes auf der Erde, er ist die Brücke, er ist das Werkzeug Gottes – und gleichzeitig ist er der Glanz, die Majestät und die Antwort. Und wieder gleichzeitig ist er das Schweigen Gottes, das Schweigen und Elend aller Kreatur. Und wieder gleichzeitig das eine

Wort, das Gott der Welt zuspricht, um aus dem Tohuwabohu Leben zu schaffen. Geheimnis des Glaubens.

Die Geschichte von den Landarbeitern auf den Feldern Bethlehems erzählt von diesem Geheimnis auf ihre Weise. Sie sehen den Himmel offen, Gott strahlt ihnen seine Liebe entgegen und Engel verkündigen Frieden.

Die Geschichte von den fliehenden Eltern und dem in einem Stall geborenen Flüchtlingskind offenbart die andere Seite des Geheimnisses. Hier Glanz, Licht und Majestät, dort Elend, Kümmernis und Nichtigkeit. In Gott ist das eins.

Wer kommt zur Anbetung des Kindes, muss auch ertragen, dass über diesem Kind der Himmel offen ist. Wer sich zu den Gestalten im Stall reihen möchte, muss ertragen, dass er im Dreck des Stalles heiligen Boden betritt. Wer getroffen ist vom Blick oder Wort des Kindes, des Gekreuzigten und Auferstandenen, muss ertragen, dass es keine Nische mehr gibt, in die er sich flüchten könnte vor Gott. Und darf sich aufrichten, weil es auch keiner solchen Nische mehr bedarf. Es gibt keinen Ort, der nicht Gottes Ort ist. Und es gibt keinen Himmel, der uns nicht offen steht. Und es gibt keinen Gott, der die Anker lichtet, die Segel setzt und das Weite sucht.

Es gibt keinen unbeteiligten Gott, den ich mit Opfern besänftigen müsste oder mit irgendwelchen Winkelzügen ablenken könnte.

Es gibt keinen unbeteiligten Gott, der die Raserei von Gewalttätern aus sicherer Distanz beobachtet.

Es gibt keinen unbeteiligten Gott, dem die Armut der Armen gleich ist, der die Krankheit der Kranken meidet, der die Klagen nicht hört.

Und warum ändert sich dann nichts? Steckt göttliche Schwäche hinter dem Geheimnis?

Zu Anfang hatte ich eine Geschichte erzählt. Da heißt es – die Bibel wörtlich genommen –, die Welt bestünde seit 6000 Jahren. Und dann soll es einen Kometen geben, der alle 36.000 Jahre nur zu sehen ist. Und der Rabbi sagt: »Gott ist auch in diesem Geheimnis zu finden. Ihn musst du suchen, nicht den Stern.«

Ja, es gibt die andere Wirklichkeit. Aber nicht so, dass da irdische und himmlische, menschliche und göttliche Wirklichkeit unterschiedliche Räume wären. Sondern so, dass eines im anderen geborgen ist. Das bleibt Geheimnis. Gott suchen, nicht den Stern. Das Innere suchen und nicht die Äußerlichkeit. Das Wesentliche suchen und nicht Nullen addieren und subtrahieren.

Der indische Mystiker Kabir schreibt Ende des 15. Jahrhunderts: »Ich bin wie ein Tonkrug, der im Wasser treibt – Wasser innen, Wasser außen. Da plötzlich ist der Krug durch die Berührung des Meisters zerbrochen. Innen und außen, meine Freunde, alles eins ... Wenn ein Tropfen mit dem Ozean verschmilzt, wie kann man ihn noch als getrennt sehen? Wenn der Ozean in den Tropfen versinkt, wer kann sagen, was was ist?«

Und als Christ sage ich weiter: Dieses Kind in der Krippe, dieser Gekreuzigte und Auferstandene, in dem Gott und Mensch verschmelzen wie der Tropfen mit dem Ozean, dieser Jesus Christus ist das Siegel, dass diese Einheit für alle Zeit bleibt. Homo factus est. Gott und Mensch: eins. Vergangenheit und Zukunft: Geborgen in dieser Einheit. Garant dieser Einheit: Jesus Christus. Groß ist das Geheimnis des Glaubens.

Deshalb gilt meine tiefe Sorge all denen, die vor sich selbst fliehen. Denen, die sich vor sich selbst verstecken, die sich selbst belügen, die keine Freude an sich selbst haben. Sie sind in großer Gefahr. Wo soll Gott suchen, wenn sie außer sich sind? Ich muss in mir sein. Ich darf in mir sein. Ich darf ich sein. Ich darf Fehler haben. Das heißt für mich »glauben«: Nicht vor mir selbst fliehen, weil ich geliebt bin. Ich habe nichts zu verbergen, weil ich geborgen bin.

Gott wird Mensch. Gott ist Mensch. Ganz unkompliziert sagen die Kirchenväter des 2. und 3. Jahrhunderts: Gott wird Mensch, der Mensch wird Gott und hat Teil an Gott. So unkompliziert.

Der Mensch, der vor sich selbst davonläuft, verliert nicht nur sein Gesicht, er verliert auch die Mitte.

Es ist gut, dass Sie fragen und suchen und beten und singen und eine Seele haben für Lichter und ein Herz für Arme. Es geht nicht um ein Rätsel, das man lösen kann. Es geht um ein Geheimnis, das mich löst. »... macht uns von Sünden los«, singen wir in alten Liedern. Mit diesem Geheimnis kann man leben. Ja, erst mit diesem Geheimnis kann man leben. Wir Christen glauben, wie es Paulus sagt: »Von ihm und durch ihn und zu ihm sind alle Dinge. Ihm sei Ehre in Ewigkeit.« (Römer 11,26)

Nein, es ist kein Krippenspiel. Es ist tiefster Ernst und Grund aller Lebensfreude: Von ihm und durch ihn und zu ihm sind alle Dinge. Du, ich, die Straßenkinder in Nicaragua, die gehetzte Verkäuferin, die Bäume, die Finken, das Wasser und der Tonkrug. Von ihm und durch ihn und zu ihm sind alle Dinge.

So klein in einer Futterkrippe. Ein Kind, von seinen flüchtenden Eltern in Windeln gewickelt und in einer Krippe liegend. Groß ist das Geheimnis des Glaubens.

Ein kleines Licht

Hesekiel 37,24–28

Jesus, der Christus ist geboren! Wir kennen nicht den Tag seiner Geburt, nicht einmal das Jahr. Und doch ist dieser Tag der Höhepunkt im Kalender, nicht nur für Kinder.

An diesem Tag wird etwas von dem Geheimnis spürbar, eigentlich für jeden Menschen spürbar, das über uns liegt. Dass unser Leben doch mehr ist als das Ableisten und ab und zu auch Abfeiern unserer Tage. In dem Wort »Schicksal« ist das ja noch spürbar. Oder »Schickung« sagen manche: Etwas »Geschicktes« hat einen Absender. Unser Leben hat einen Absender. Und damit eine Herkunft und ein Ziel. Wir sind keine Produkte des Zufalls, wir sind Gesandte.

In dieser Nacht, die sich ja nun wirklich nicht von den anderen unterscheidet, gibt es in unserem Kulturkreis keinen, der davon unberührt bliebe: Entweder von der Sehnsucht, teilzuhaben an diesem Sinn. Oder von der Verbitterung des Ausgeschlossenen, Unverstandenen, Einsamen.

Zu meinen bleibenden Kindheitserinnerungen gehören grüne Kerzen. Es muss Anfang der 50er-Jahre gewesen sein. Ich weiß nicht, von wem die Aktion ausging, ob Kirche oder Bund oder Rotes Kreuz. Ich weiß nur noch, dass auch meine Eltern mitmachten.

In den Häusern unserer Straßen, in allen Häusern unseres Dorfes stand hinter einem Fenster in jeder Wohnung eine grüne Kerze und brannte. Ein stilles Gedenken, ein winzig kleiner Hoffnungsschimmer für die damals noch gefangenen und vermissten Männer. Und später galt dieses Zeichen den Menschen in der DDR, in der damaligen Ostzone. In jedem Haus ein Licht. Zeichen für die nach und nach heimkommenden Männer: Wir denken an euch, wir beten für euch, wir warten auf euch. In jedem Haus brennt ein Licht. Auf mich hat das einen nachhaltigen Eindruck hinterlassen. Damals, so schien mir, waren sich alle wenigstens in einer Sache einig. Die Not hatte eine Gemeinschaft geschaffen, die auch ein Kind spürte.

Fällt es schwer, sich in die damalige Zeit zurückzuerinnern? An den Scherbenhaufen damals, an die Ruinenstädte, an die vielen schweigenden Menschen, denen die großen Worte und die lauten Töne spätestens nach 12 Jahren im Hals stecken blieben, als das Ausmaß der Schuld, das Ausmaß der Zerstörung und das Ausmaß des Leides in allen Völkern erst nach und nach ins Bewusstsein rückte. Aus vielerlei Gründen war das eine viel leisere, zurückhaltendere, schweigsamere Zeit, gerade um Advent, Weihnachten und Jahreswende herum. In jedem Haus ein Licht – kein einziges würde heute auffallen. Die kleinen Hoffnungszeichen haben es schwer.

Die kleine grüne Kerze am Fenster – und dort viele Tausende Gefangene in Lagern, wenn sie noch lebten. Und dort wie hier an Heiligabend – ein stillschweigendes Einverständnis aller trotz aller Hoffnungslosigkeit: Dieses kleine Licht, solange dieses kleine Licht brennt, kann noch nicht alles verloren sein.

Ich stelle mir meine Amtsbrüder vor, die damals in den Lagern einfache, aber wie wichtige Gottesdienste hielten, mit nichts in den Händen als diesem Wort (Bibel). Mit keiner anderen guten Nachricht als mit dieser: Jesus, der Christus ist geboren, allem Volk zum Heil. Damit Zerrissenes wieder ganz und Zerbrochenes wieder aufgerichtet werde, damit Getrennte zueinander fänden und aus Feinden Freunde werden. Damit nicht der Tod das letzte Wort behält über Massengräbern und Ruinen.

Wenn wir uns etwas hineinversetzen können in diese Jahre, dann verstehen wir den Predigttext heute besser. Es ist ein Wort des Propheten Hesekiel an die verschleppten und gefangenen Israeliten, weit weg von zuhause. Ein kleines Licht. Eines der vielen kleinen Lichter, die Gott immerfort in die Dunkelheiten seiner Menschen schickte und schickt:

Hesekiel 37,24–28

Sie sollen wieder in dem Land wohnen, in dem die Mütter und Väter gewohnt haben. Sie sollen Kinder haben und auch die sollen dort in Frieden leben.

Was für eine Nachricht in der Fremde. Was für eine Nachricht für Heimatvertriebene! Was für eine Nachricht für Flüchtlinge! Was für eine Verheißung für Gefangene in den babylonischen Lagern damals, in den russischen Lagern nach 45. Was für eine Weihnachtsbotschaft an alle

Spätaussiedler und Asylsuchenden, die Weihnachten auch in Ungewissheit und Heimatlosigkeit verbringen.

Der Prophet verbindet diese Verheißung mit dem Kommen des Knechtes Davids, mit dem Kommen des Messias. Ein Hirte, der nicht mehr davon lebt, dass seine Schafe Haare lassen – oder gar ihr Leben. Kein Hirte, der sich selber hütet, sondern ein Hirte, dessen Leben für die Schafe da ist.

Es kommt die Zeit, da wird Gott bei den Menschen wohnen. Sie werden ein Zuhause haben, und er wird bei ihnen wohnen.

Wir haben heute wieder Kerzen angezündet und an andere gedacht, für die sie ein Hoffnungsschimmer sein sollen. Ich überlege mir, wie das wäre, wenn über unseren Häusern in Wiesloch und wo immer auch in unserem Land ein Licht aufginge wie damals über der Hütte in Bethlehem, damit die, die suchen, eine Orientierung haben. Hier ist ein Licht, hier bist du willkommen. Wir denken an dich, wir beten für dich, wir warten auf dich.

Es kann nicht unser Licht sein. Das verbraucht sich zu schnell. Wir kennen uns gut genug.

Es soll ein Zeichen sein: Hier wohnen Christen, die dem Christus ihr Leben und so vieles verdanken, und die das nicht vergessen haben.

Die nicht vergessen haben, was es heißt, den Jungen mit ein paar Pfennig zum Bäcker zu schicken um ein Brot.

Die nicht vergessen haben, was es heißt, mit vier Kindern in einem Zimmer zu wohnen, und mit einer anderen Familie Küche und Klo zu teilen.

Gott hat in uns ein Licht angezündet, als uns die Eltern oder wer auch immer von Jesus Christus erzählten. Und der Heilige Abend war dabei für jeden von uns eine wichtige Station. Jeder von uns ist so eine kleine, grüne Kerze im Fenster unserer Stadt. Ein lebendiges Zeichen. Ich wünsche mir, dass – wer immer als Fremder nach Wiesloch kommt, woher er auch kommt, was ihn auch immer bewogen hat – und macht dabei bitte nicht den Fehler, über andere, die ihr nicht kennt, zu Gericht zu sitzen im Stil der Inquisition, ich wünsche mir, dass jeder, der kommt, über irgendeinem Haus ein Licht sieht und spürt: hier bin ich willkommen.

… denn sie hatten sonst keinen Raum in der Herberge für Jesus, den Messias. Bethlehem platzte aus den Nähten, und doch: da war noch ein

Raum, und ein großes Licht. Es ist eigenartig. Da, wo es wirklich eng ist, da, wo man schon zusammengedrängt lebt, da findet man in der Regel noch einen Platz.

Ich weiß, wie viele Menschen in unserer Gemeinde spenden für BROT FÜR DIE WELT, wie viele ein Licht anzünden, wie viele an Mitmenschen – Nahen und Fernen – Gutes tun. Das ist es ja, man könnte die Liste derer, die unser Licht, das Licht unseres Glaubens brauchen, lange fortsetzen. Das wäre alles nicht zu leisten, auch wenn es uns selbst materiell gut geht, wenn wir nicht selbst erfasst wären von diesem Geheimnis.

Unser Dienst an anderen hat seine Voraussetzung darin, dass Gott unser Diener geworden ist. Dass Gott sich klein macht; dass Gott unter uns wohnt; dass Gott Mensch wird, dass Gott den Frieden verheißt, den wir dann stiften dürfen.

Wir stehen ja nicht einfach da und brennen aus uns selbst. Wenn von uns ein Hoffnungsschimmer ausgeht, dann weil Gott uns die Möglichkeit dazu gibt.

Und das ist das Großartige an dieser Heiligen Nacht, dass jeder davon etwas spürt. Wir sind Jahr auf Jahr betroffen von diesem Geschehen um die Geburt Jesu. Jahr für Jahr leben wir – mehr oder weniger bewusst – auf diesen Abend, auf diese Nacht hin. Und wenn die Familienfeier auch wie oft schon nicht gehalten hat, was wir uns davon versprochen haben, trotzdem: Der Heilige Abend ist der eigentliche Zielpunkt unseres Jahreslaufes.

Es ist die Nacht, in der ein kleiner Lichtstrahl auf das große Geheimnis des Lebens, auf das große Geheimnis Gottes fällt. Ein Kind wird geboren, Gott wohnt unter uns. Aufs Neue ist uns gesagt: Unser Leben hat einen Absender und ein Ziel. Ich freue mich über jeden Tag, den ich Leben darf aus diesem Licht. Und ich will meine Freude teilen mit anderen. Gott sei Dank für seinen Sohn. Ehre sei Gott in der Höhe – und auf Erden: Frieden.

Fürchtet euch nicht

Lukas 2

Sie wollten ein neues Leben beginnen.
Dafür nahmen sie seinen Tod in Kauf.
Selbst die Kinder ahnten nichts.
Beim Kajakfahren ertrunken, zerborstenes Boot, John Darwin verschollen in der stürmischen Nordsee.
16 Stunden suchten Polizei und Küstenwache die Küste der Region Cleveland ab, von Hartlepool runter bis Staithes. Fünf Rettungsboote, zwei Küstenwache-Teams und ein Polizeiflugzeug mit Wärmebildkameras waren im Einsatz – ohne Ergebnis. Sechs Wochen später fand man das Kajak. Schließlich wurde er für tot erklärt. Das Meer gab ihn nicht wieder heraus.
Die Lebensversicherung wurde ausbezahlt.
Nun, nach fünf Jahren meldet er sich zurück bei den Lebenden. Mit Amnesie geschlagen – Gedächtnisverlust.
Doch das war es wohl nicht.
Es war der missglückte Versuch, auf Kosten anderer ein neues Leben zu beginnen.
Ein einfacher Versicherungsbetrug.

Und wie sah fünf Jahre lang das »neue Leben« aus?
Eher wie ein Gefängnis. Er saß in einer Zelle. Ein kleines, trauriges Zimmer, das er durch eine im Schrank verborgene Tür erreichte. In das er immer schnell verschwinden musste, wenn es an der Tür klingelte.
Ein karg möbliertes Zimmer mit Bett, Tisch, Stuhl, Fernseher und Computer. Fünf Jahre lang.
Alles andere als ein »neues Leben«.
Irgendwie schaffte er es, unter falschem Namen die eine oder andere Reise zu machen, ohne Frau, mit Frau – keiner weiß es. Jedenfalls ging alles schief, was die beiden so kühn geplant hatten.
Sie kennen vielleicht das Bilderbuch »O wie schön ist Panama«. Dort sollte das neue Leben beginnen. In Panama. War nichts.
Nun kam er zurück, tat so, als ob er sich an nichts erinnerte.
Sie beschuldigt ihn, er beschuldigt sie.

Beide sitzen sie nun in einer Zelle, kleiner als der Unterschlupf im Nebenhaus hinter dem Wandschrank.

»O wie schön ist Panama«.

Eine alte, verständliche Sehnsucht: Neu anfangen. Sehen, wie Neues wächst.

Man erzählt, dass Gott am Ende war mit seiner Geduld, mit seiner Liebe.

Strafe hatte nichts genützt.

Verschonung hatte nichts genützt.

Belehrung hatte nichts genützt.

Zorn hatte nichts genützt.

Die Menschen waren die alten geblieben.

Die Engel sagten:

»Mach Schluss. Das war alles gut gemeint.

Du hast ihnen Freiheit geschenkt.«

»Damit sie auf Augenhöhe mit mir sind.« Sagte Gott.

»Du hast ihnen Verstand geschenkt«, sagten die Engel.

»Damit sie staunen können«, meinte Gott.

»Du hast ihnen Zeit geschenkt.«

»Damit sie die Angst verlieren.«

»Sie haben die Angst vor dir verloren. Sie haben keine Achtung mehr und kein Gefühl für Recht. Mach Schluss. Du hast es gut gemeint. Sie haben ihre Chance gehabt.«

Gott zog sich zurück.

Monate, Jahre. Für den Ewigen eine kurz Zeit.

Schließlich wurde Gabriel, der Erzengel, gerufen.

Als er von Gott zurückkam, stürzten die anderen Engel auf ihn ein: »Ja und? Was ist jetzt? Wann macht er Schluss?«

»Er macht nicht Schluss«, sagt Gabriel. »Er fängt neu an.«

»Was – er fängt neu an?«

»Er fängt neu an mit den Menschen.«

Wie – er fängt neu an?«

»Mit einem Kind.«

»Mit einem Kind, das hatten wir doch schon. Es wird ein Mensch werden wie alle.«

»Ich habe ihn gesehen.« Sagt Gabriel. »Seine Augen leuchteten vor Freude, und die ganze Menschheit spiegelte sich darin, als er ans Werk ging. Es war der Glanz vom Schöpfungsmorgen.«

»Oh«, sagten die anderen Engel.

»Mehr noch. Ein Glanz – ich kann ihn nicht beschreiben. Sollte ich da noch widersprechen?«

So also fängt Gott neu an.
Mit einem Kind.

Es wird Ihnen wie mir gehen:
Ich wollte immer mal wieder »neu anfangen«. Fehler ausradieren.
Fehler passieren.
Die falsche Postleitzahl, das falsche Wort, die rote Ampel, dein falscher Handgriff, dein verkehrter Mausklick, deine Müdigkeit.
Wie gehen wir mit Fehlern um?
Ausradieren.
Löschen.
Neu anfangen.
Wer wollte das nicht?
Du fängst ja nie wirklich »neu« an.
Du nimmst als Hirte mit, was du auf den Feldern um Bethlehem erfahren hast. Die Härte, die Kälte, die Erfahrung, dass dir – und nicht nur den Schafen – andere das Fell über die Ohren ziehen.
Du nimmst als Herbergsvater die Sorgen um die Buchungen mit. Und du bist froh, wenn die Herberge belegt ist. Dass du den einen oder anderen wieder wegschicken musst, das tut dir leid. Kommen Sie im März!
Aber unser Kind kommt jetzt auf die Welt!
Ich verstehe. Aber alles ist belegt. Im März wären noch fünf Zimmer frei.
Der Wirt kommt bei den Krippenspielen meist schlecht weg.
Wenn er wegzieht von Bethlehem – und in Jerusalem ein Hotel aufmacht, wird's nicht anders sein.
Die Hirten brechen auf. Damals zu nachtschlafender Zeit.
Geht dort hin. Da bricht Neues auf. Bisher nicht Gehörtes und Gesehenes. Und ihr seid Zeugen.
Wir? Das wäre das erste Mal, dass man uns traut!
Doch. Geht, habt keine Angst.
Wir haben keine Angst.
Wir haben nur schlechte Erfahrungen. Auf Sprüche geben wir nichts mehr.

Und dann sagt der Engel dieses weite Wort:
»Fürchtet euch nicht! Siehe, ich verkündige euch große Freude, die allem Volk widerfahren wird; denn euch ist heute der Heiland geboren.«

Ich habe eine Umfrage in der Oberstufe des Gymnasiums gemacht.
Ich wollte wissen: Was ist denn noch in den Köpfen unserer Schülerinnen und Schüler von der sogenannten »Weihnachtsgeschichte« präsent.
Ich war überrascht.
Sie wissen noch vieles. Sie wissen fast alle den Geburtsort Jesu. Gut die Hälfte wusste, warum Maria und Josef unterwegs waren nach Bethlehem. Fast alle hatten eine Ahnung davon, warum Maria ihr Kind nicht in ordentlichen vier Wänden zur Welt brachte.
Man merkt auch, was unsere Krippenspiele hinterlassen.
Die drei Könige waren den Hirten haushoch überlegen. Ausgerechnet die drei Könige, die nicht einmal Könige waren und erst recht nicht drei und die bei Lukas nicht einmal vorkommen. Aber wahrscheinlich waren das eindrucksvollere Rollen bei Krippenspielen. Könige mit Kronen und tollen Gewändern. Hirten waren damals schon die »Looser«.
Und der beeindruckende Stern. Den hatten auch die meisten Schüler auf der Rechnung. Bei einigen war er eine Sternschnuppe, na ja. Aber bei allen war er groß und hell und herrlich. Nichts davon in der Bibel. Weder bei Matthäus, erst recht nicht bei Lukas.
Nun ja, wir tragen ja auch dazu bei mit unserem Herrnhuter Sternenhimmel hier in der Kirche.
Ich fragte die Schüler noch weiter:
Wie hieß der Kaiser, der gleich am Anfang der Geschichte steht?
Das war schon schwieriger. 35 Prozent wussten die richtige Antwort: Augustus.
Wesentlich schlechter erging es dem Prokurator der römischen Provinz Syrien, an den sich wahrscheinlich kein Mensch mehr erinnern würde, wäre er nicht hineinverflochten in diese seltsame Geburtsgeschichte.
»Prokurator«, »Statthalter«, die alte Lutherbibel übersetzte »Landpfleger« – »procurator« war Quirinius. Kein Schüler hat es gewusst.
»Diese Schätzung war die Allererste und geschah zur Zeit, da Quirinius Statthalter in Syrien war.«
In der alten Lutherbibel stand »Cyrenius«.
Welche Gruppe erfuhr als Erste von der Geburt?

Da hatten die drei Könige endgültig die Nase vorn, warum auch immer.

Erst auf dem zweiten Platz rangierten die Hirten auf den Feldern vor Bethlehem mit 30 Prozent.

Zwei meinten, die Engel hätten als Erste davon erfahren, nicht ganz unlogisch.

Einer meinte, die Tiere im Stall. Irgendwie auch ganz logisch.

Und einer war ganz weise. Auf die Frage: »Wer erhielt als erste Gruppe Nachricht von der Geburt Jesu?«

»Die Hirten, manchmal auch die Könige.«

Eine diplomatische Antwort.

Für mich am spannendsten war die offene Frage:

Gibt es einzelne Sätze der Weihnachtsgeschichte, die du wörtlich zitieren kannst?

Da geht es ja nun wirklich ans Eingemachte. 3 von 40 konnten wörtlich den Beginn der Geschichte zitieren: »Es begab sich aber zu der Zeit ...«

Eine oder einer erinnerte sich wörtlich an den Satz: »Ihr findet ihn in Windeln gewickelt in einer Krippe liegen.«

Aber das eine war für mich das Frappierendste und als Christ und Pfarrer Wunderbarste:

6 von 40, 15 Prozent dieser 17-, 18-Jährigen zitierten fehlerfrei wörtlich den alles entscheidenden Satz dieser alten Geschichte:

»Fürchtet euch nicht, denn euch ist heute der Heiland geboren!«

Wisst ihr, da sind mir dann alle römischen Kaiser, alle Statthalter und Könige und auch die ganze Geographie so was von egal, wenn das bliebe:

»Fürchtet euch nicht.«

»Euch ist heute der Heiland geboren.«

Wenn das dann bleibt, das entscheidende

»Fürchtet euch nicht!«

»Habt keine Angst!«

»Seid mutig!«

»Geht aufrecht!«

»Lasst euch nicht an den Rand schieben!«

»Geht und schaut, und dann erzählt weiter: »Euch ist heute der Heiland geboren.«

… wenn das dann bleibt: Großartig. Das wär's.

Wir hören:
»Der Aufschwung kommt an.«
Wir hören:
»Euch ist heute der Heiland geboren.«

Beides gute Nachrichten. Man sollte beide Nachrichten nicht miteinander verwechseln.
Neues Leben wird nicht dadurch, dass ich mich tot stelle und mich beim Klingeln an der Wohnungstür hinter dem Wandschrank verstecke.
Frieden auf Erden wird nicht dadurch, dass ich mich unschuldig stelle und auf die Fehler der anderen zeige.

Lukas 2,10–16

Frieden auf Erden?
Da muss ich mich stellen.
Aufstehen in meiner Nacht, den Glanz wahrnehmen.
Frieden auf Erden,
das ist auch meine Verantwortung.
Meine Antwort auf Gottes Entgegenkommen.

Gott schaltet nicht auf einen Klick die Heizungen ab und die Erde wird befreit von allen Schadstoffen.
Gott hebt nicht auf einen Klick die Ufer Bangladeschs oder der Inseln im Indischen Ozean höher, damit sie das Meer nicht mehr überflutet.
Gott macht nicht auf einen Klick die vertrockneten Steppen Äthiopiens fruchtbar und die Armen dieser Erde reich.
Das ist der große Zampano, aber das ist nicht Gott. Das ist Schau, aber nicht Leben.
Das sind Märchen.

Frieden auf Erden?
Da muss ich mich stellen.
Frieden auf Erden,
das ist auch meine Verantwortung.

Deshalb:
Sie mögen Quirinius nicht kennen,
sie mögen »Statthalter« falsch schreiben,
sie mögen die Geburt Jesu nach Nazareth oder Jerusalem verlegen,
sie mögen Herodes für einen römischen Kaiser halten und Abraham
für den Verlobten der Maria,
sie mögen 90 Bewerbungen schreiben, bevor man sie zum ersten Vor-
stellungsgespräch einlädt.
Sie mögen Ihren Job verlieren oder an Ihrer Ehe zweifeln,
Sie mögen alt sein oder jung,
Sie mögen erfolgreich sein oder scheitern,
Sie mögen heute Nacht weinen oder lachen,
wenn das bliebe, das entscheidende
»Fürchtet euch nicht!«,
»Habt keine Angst!«,
»Seid mutig!«,
»Geht aufrecht!«
… wenn das dann bliebe. »Fürchtet euch nicht!«
Großartig. Das wär's.
Das reicht vollkommen.
Dann leuchtet auch Klarheit um uns.
Licht von seinem Licht.

Solange es Krieg gibt, werden wir für den Frieden arbeiten.
Solange es Unrecht gibt, werden wir das Recht einklagen.
Solange es Tod gibt, werden wir vom Leben erzählen.
Solange es Anpassung gibt, werden wir Christen das Recht auf Umwege
einklagen und darauf bestehen, dass Fehler verziehen werden.
Solange Menschen in Elend leben, werden wir den Glanz predigen.

Weihnachten ist eine Sache des Volkes, nicht seiner politischen Eliten.
Augustus wird zur Randfigur.
Ein Kind steht im Mittelpunkt der Weltgeschichte.
Einfachste Verhältnisse.
Neues bricht auf.
»Fürchtet euch nicht!«
Ich will nicht sagen: Dann wird alles gut. Das wäre ein Märchen.
Ich will sagen: »Fürchtet euch nicht! Euch ist heute der Heiland gebo-
ren.« Mehr fällt mir nicht ein. Mehr muss auch nicht sein.

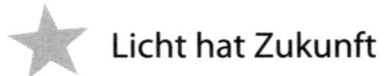

Licht hat Zukunft

1. Johannes 3,16ff.

Die Menschen, so meinte Isaac Newton, bauten zu viele Mauern und zu wenige Brücken.

Und ich füge hinzu: Deshalb ist es auch so dunkel.

Das künstliche Licht schreit wohl immer lauter. Es macht die Nacht zum Tag. Aber die Finsternis nicht wirklich hell.

Einer macht sich auf nach Einbruch der Nacht. Ein Mensch in Unruhe. Durcheinander, verunsichert sucht er Wege, die ihn unerkannt bleiben lassen. Ein Politiker begibt sich auf Umwege, die breiten Wege sind ausgeleuchtet, er könnte entdeckt werden. Er will nicht erkannt sein. Die, deren Leben in der Öffentlichkeit breitgetreten wird, sind dankbar, wenn sie unerkannt bleiben, sich unter die Vielen mischen können, namenlos, nicht ausgeleuchtet.

Ich weiß nicht, wie lange er braucht auf seinem Weg. Auf Schleichwegen braucht man länger. Ich staune, dass es ihm gelingt, unerkannt zu bleiben. Er klopft an eine Tür, die er nicht öffnen dürfte bei seinem Amt. Er will in ein Haus, das er nicht betreten dürfte bei seinem Namen.

Lassen wir ihn für einen Augenblick an die Tür klopfen und warten, wer ihm öffnet. Lassen wir ihn unruhig warten, bis er endlich im Haus ist und keiner draußen ihn mehr sieht. Lassen wir ihn kurz warten bei erhöhtem Puls.

Richten wir den Blick auf einen zweiten Weg.

Da war ein anderer. Der Mächtigste. Der mit den roten und anderen Telefonen. Mit dem Röntgenblick in den geheimsten Winkel der Erde. Mit Botschaftern an allen Enden der Welt. Auf dessen Geheiß Divisionen marschieren, Legionen aufbrechen, Wetter kommen und gehen. Der, vor dem man zittert, dessen Thron gesichert ist von Feuerflammen, unerreichbar für Waffen, welcher Gattung auch immer. Gott – auf irgendeine Weise nennen ihn alle Völker und Kulturen »Gott«. Allmächtig, allgegenwärtig, ewig, Schöpfer, Lenker und Vollender.

Macht sich dieser Allmächtige heimlich auf aus allen Himmeln, sozusagen ohne Leibgarde und Polizeischutz, leuchtet die Wege aus durch Sterne und Engel. Erfüllt den Kosmos mit wunderbaren Klängen.

Bringt Josef, einen schlichten Zimmermann, wohnhaft am 32. Breitengrad, unwesentlich nördlich des Wendekreises des Steinbocks zu Hause, auf der gleichen Höhe wie New Orleans, Schanghai, Marrakesch und der Mount Everest, Josef, der in seiner Heimatstadt Nazareth verlässlich Hütten und Häuser zimmert, vielleicht auch Tische schreinert, er bringt Josef in Unehre.

Stürzt ein Mädchen namens Mirjam, 14 oder 15 Jahre alt, eine Hand voll Leben aus den galiläischen Bergen, verschleiert bis auf die Augen, unschuldig und mit großem Blick für Wunder, stürzt ein Mädchen namens Mirjam, wir sagen lateinisch »Maria«, in Wehen.

Reißt eine knappe Hand voll auf die Felder vor Bethlehem abkommandierte Tagelöhner, verantwortlich für Schafe, an deren Fell die verdienen, die in der Stadt in festen Häusern wohnen, reißt eine knappe Hand voll auf die Felder vor Bethlehem abkommandierte Tagelöhner aus der schläfrigen Obhut ihrer Schafherde.

Lässt selbst – wenn man dem bekanntesten Chronisten trauen darf – weit gereiste und renommierte Universitätsprofessoren auf die Knie fallen und wundersame Dinge tun: Wandern, suchen, anbeten.

Da kommt vieles in Bewegung.
Und wir kennen dies alles.
Leben selbst in bewegten Zeiten.
Trauen vielen nicht mehr, Politikern nicht, Verkäufern, Herstellern, Landwirten, und manchmal trauen wir uns selbst nicht. Kennen uns zu gut, als dass wir die Hand für uns ins Feuer legen würden.
Bewegte Zeiten, Schleichwege, Kälte, zusammenrücken, viele offene Fragen.

Zurück zu unserem Politiker, den wir inkognito, auf Abwegen, im Dunkeln an eine Tür klopfend und bangen Herzens auf Öffnung wartend, verlassen haben. Er trägt einen berühmten Namen: Nikodemus.
Ob ihm Jesus selbst die Tür geöffnet hat?
Ob der, den wir Gottes Sohn nennen, vielleicht damals schon »Türsteher« und Kirchendiener hatte?
Ich meine, er habe ihm selbst geöffnet. Und die Tür hinter ihm wieder geschlossen.

Zwei Menschen kommen sich in dieser Nacht nahe. Der große Politiker, der kleine Gott. Der große Gott und einer von uns sitzen an einem Tisch.

Es bleibt wenig Zeit. Wenn es dir wirklich wichtig ist, kommst du gleich zur Sache. Und es ist wichtig. Zwei, drei Sätze zum Warmwerden. Nikodemus fragt. Jesus antwortet. Jesus erzählt vom Wind, der weht, wo er will. Erzählt von Wassern, die heilen, und von der Geburt aus dem Geist.

Stellt Nikodemus eine Frage, antwortet Jesus ihm mit einem Rätsel. Ich vermute lange Zeiten des Schweigens. Wesentliches braucht Zeit. Wichtiges muss dir einverleibt werden.

So wie der unschuldigen Mirjam ein Kind einverleibt wurde, das weder sie noch ein anderer Mensch je begriffen hat, so muss dir die Wahrheit deines Lebens einverleibt werden, in dir wachsen und wird – geboren, wenn du es zulässt.

Die Frauen haben uns diese Erfahrung voraus – ein schmerzlicher Vorgang. Wenn die Wahrheit deines Lebens ans Licht kommt. Die Wahrheit eines Lebens tut immer weh. So wie die Schneeschmelze die Ufer der Flüsse schmerzt oder das Licht die Augen der Fiebernden. Es gibt keine Geburt ohne Schmerzen.

Die wenigsten Menschen erlauben sich die Wahrheit ihres Lebens. Die meisten meinen immer noch, Wahrheit sei ein Luxus. Aber Wahrheit ist die Erlösung vom Schmerz.

Licht heilt.
Wahrheit heilt.

Wenn ich nun den Bibeltext lese, der uns als Gute Nachricht für heute Abend anvertraut ist, spüren Sie das Ineinander von Stall und Kreuz. Wege kreuzen. Gott auf der Suche nach dem Menschen. Der Mensch auf der Suche nach seinem Gott.

Sie treffen sich abseits der großen Verkehrswege. Nikodemus schweigt und horcht. Stellt gelegentlich eine kurze Frage. Und in der Stille der Nacht antwortet Gott.

Sie sitzen sich gegenüber. Auf gleicher Höhe. Nikodemus sucht die Wahrheit.

Wahrheit geht selten schnell. Wahrheit ist immer ein langer Weg. Ein Weg in die Stille.

Nikodemus hört, wie Jesus sagt:

Denn also hat Gott die Welt geliebt, dass er seinen eingeborenen Sohn gab, damit alle, die an ihn glauben, nicht verloren werden, sondern das ewige Leben haben.

Denn Gott hat seinen Sohn nicht in die Welt gesandt, dass er die Welt richte, sondern dass die Welt durch ihn gerettet werde.

Wer an ihn glaubt, der wird nicht gerichtet; wer aber nicht glaubt, der ist schon gerichtet.

Das ist aber das Gericht, dass das Licht in die Welt gekommen ist, und die Menschen liebten die Finsternis mehr als das Licht, denn ihre Werke waren böse.

Wer Böses tut, der hasst das Licht und kommt nicht zu dem Licht, damit seine Werke nicht aufgedeckt werden.

Wer aber die Wahrheit tut, der kommt zu dem Licht, damit offenbar wird, dass seine Werke in Gott getan sind.

Die Maidu aus dem Norden Kaliforniens, ein von Weißen despektierlich betrachteter Indianerstamm, die Maidu-Indianer sprechen von einem »inneren Licht«. Sie sagen: »Man braucht das Licht der Lagerfeuer nicht, weil man ein inneres Licht hat.«

Es gibt irgendwo in Südengland einen Pfarrer, der sagt, er brauche kein elektrisches Licht in seiner Kirche. Die Menschen, so sagt er auf Befragen, die Menschen sind gewohnt, ihre Laternen mitzubringen. Und wenn wenige kommen, dann ist es eben dunkel.

Und wenn nur einer kommt, einer wie ER, ist es hell, wie am schönsten aller Tage. Wenn nur einer kommt.

Wir Christen sagen: Christus ist gekommen.

Angelus Silesius nannte Gott im 17. Jahrhundert das »überlichte Licht«. Eben das meine ich. Licht, das mir keiner nimmt. Licht, das mich ausleuchtet, ohne mich bloßzustellen. Licht, das Ja zu mir sagt, auch wenn alle Welt Nein schreit.

»Das überlichte Licht« – oder meint immer noch irgendein verquerer Geist, Gott mache Strichlisten bei unseren Sünden? Gott mache Kreuze bei unseren Umwegen?

Gott merkt sich unsere Schuld. Ja. Und baut uns beim nächsten Mal Brücken.

Gott kreuzt meinen Weg und sagt: »Ach ja, ich kenne dich. Da bist du. Ich staune jedesmal, wenn ich dir begegne. Mach dich nicht so klein.

Lass dich nicht kleiner machen, als ich dich sehe. Lass dir die Würde nicht nehmen.«

Wer die Wahrheit tut, sagt Jesus dem bekannten Politiker in dieser Nacht, der kommt zu dem Licht, damit offenbar wird, dass seine Werke in Gott getan sind.
Warum sollten wir uns verstecken?
Wer die Wahrheit tut, kommt zum Licht.
Noch wichtiger: Das Licht kommt zu uns,
damit wir endlich ehrlich sein können.
Keiner wird mich auf die Knie zwingen, es sei denn, ich werde knien aus Dankbarkeit. Keiner wird mich ganz unterkriegen. Gott ist immer noch tiefer, unter mir.

Aquanauten tauchten in die Tiefen der Meere, Tausende von Fuß tief, und schwiegen. Hatten keine Worte für die bis dahin nie gesehenen Wunder.
Astronauten landeten auf dem Mond. Und sagten, dort hätten sie – draußen – Gottes Nähe gespürt.
Es gibt unendlich viele Wunder zu entdecken. Die Menschheitsgeschichte wird dazu nicht ausreichen.

Gottes Glanz greift tief. Staunend entdecke ich bei diesem Licht, dass mein winziger Beitrag, meine so kleinen Möglichkeiten gar nicht klein sind. Dankbar staune ich über meine und der andern Gaben. Ich bekomme ein »Gespür für das Schöne«.
Du gehörst zu einer Gemeinschaft, bist eingebunden in eine Geschichte, du bist eine Ikone. Du bist schön. Du bist groß. Du bist einmalig. Du bist kostbar.
Christus in dir. Gottes Licht in dir. Weggewaschen mit der Taufe alles, was dieses Licht trübt.
Weg all die Mauern.
Gott hat die Brücke gebaut zum Leben, jetzt und in Ewigkeit.

Denn also hat Gott die Welt geliebt, dass er seinen eingeborenen Sohn gab, damit alle, die an ihn glauben, nicht verloren werden, sondern das ewige Leben haben.
Gott hat seinen Sohn nicht in die Welt gesandt, dass er die Welt richte, sondern dass die Welt durch ihn gerettet werde.

Das Licht der Kerzen spiegelt sich in unseren Augen und die Liebe Gottes in unserem Gesicht. Erleichtert richte ich mich auf: Da ist nicht nur »etwas dran«.
Ich bin ihm begegnet.
Das bleibt.

Nikodemus geht noch bei Nacht.
Muss sich nicht mehr verstecken.
Wahrheit macht frei.
Auch du bist im Licht.

Bethlehem, du kleine

Micha 5,1–5

Vor 40 Jahren schrieb der schwedische Autor und Regisseur Tage Danielsson eine Geschichte über einen 14-jährigen Jungen. Der hat seine eigene Weise gefunden, das Weihnachtsfest zu feiern. Seit 1975 wird die Geschichte als Zeichentrickfilm an jedem Heiligabend im schwedischen Fernsehen gesendet.

Der 14-jährige Karl-Bertil Jonsson jobbt bei der Reichspost. Vor Weihnachten braucht die Post Aushilfen. Man setzt ihn an die Stelle, wo die Pakete verteilt werden. Vor den Festtagen kommt seine große Zeit. Er sammelt Geschenkpakete an höhergestellte Persönlichkeiten und an reiche Leute und dirigiert sie heimlich um. Er gibt ihnen eine neue Anschrift und lässt sie an Heiligabend in die Häuser armer Familien zustellen.

So etwas wie ein kleiner Weihnachts-Robin-Hood, der wenigstens an Weihnachten für etwas handfeste Gerechtigkeit sorgen will.

Was ist so faszinierend an diesem Jungen, der in aller Heimlichkeit und immer in Angst, entdeckt zu werden, ein großes Risiko eingeht?

Nahezu eine ganze Nation unterbricht das abendliche Fest zur besten Familienzeit, um abzutauchen in dieses märchenhafte Geschehen.

Ob die Menschen doch ein Gespür dafür haben, was eigentlich Gerechtigkeit ist?

Wenigstens an Weihnachten?

Weihnachten ist das Fest der kleinen Leute.

Kann man das so sagen, ohne gleich wieder zu trennen in Gute und Böse?

Hat dich jemand kleingemacht in diesem Jahr?

Ich höre das von Konfirmanden immer wieder: Der hat mich richtig fertiggemacht. Die hat mich kleingemacht.

Sie meinen damit meist Lehrerinnen und Lehrer.

Man hat ihnen vielleicht nur die pure Wahrheit frank und frei ins Gesicht gesagt. Das reicht schon. Wahrheit ist sehr gewöhnungsbedürftig, wenn sie dir gilt und nicht anderen.

Menschen sind sehr sensible Wesen, aus feinstgesponnenem Gewebe, auch die Seelen sind komplex, nicht nur das, was du unter dem Elektronenmikroskop siehst.
Die hat mich kleingemacht.

Lange vor der Geburt Jesu hat der Prophet Micha ein gutes Wort für das kleine Bethlehem in Juda.
Und du, Bethlehem Efrata, die du klein bist unter den Städten in Juda, aus dir soll mir der kommen, der in Israel Herr sei, dessen Ausgang von Anfang und von Ewigkeit her gewesen ist.
Indes lässt er sie plagen bis auf die Zeit, dass die, welche gebären soll, geboren hat. Da wird dann der Rest seiner Brüder wiederkommen zu den Söhnen Israel.
Er aber wird auftreten und weiden in der Kraft des Herrn und in der Macht des Namens des Herrn, seines Gottes. Und sie werden sicher wohnen; denn er wird zur selben Zeit herrlich werden, so weit die Welt ist. Und er wird der Friede sein.
Und du, Bethlehem Efrata, die du klein bist unter den Städten in Juda ...

Klein, das war mir in den letzten Wochen beim Nachdenken über die vielen Advents- und Weihnachtsgottesdienste eine Richtschnur.
Viele sind kleingemacht worden in diesem Jahr. Täglich müssen die Abstellgleise erweitert werden, auf denen die alten, die langsamen, die ausgemusterten Waggons stehen. Sie warten auf etwas Glück und schauen staunend zu, wie die Intercity-Züge immer schneller an ihnen vorbeirasen. Sie haben gefälligst zu applaudieren. Die Kleinen, die Aussortierten, die Austherapierten, die Langsamen, die nicht mehr mitkommen.
Für den Propheten Micha stellt sich die Situation noch dramatischer dar: Israel ist ausradiert. Jahrhunderte lebt Israel unter fremden Herrschern. Zur Zeit Jesu ist es die Besatzungsmacht Rom, vorher waren es die Griechen, die Perser, die Babylonier, die Assyrer, gelegentlich die Ägypter. Je nachdem, wer in der Region gerade die besseren Waffen und die größere Armee hatte. Israel liegt zwischen Großmächten, die mal von Süden nach Norden, mal von Norden nach Süden »drübergehen«, über die Felder, über die Städte, über die Frauen und über die Kinder.
»Israel ist ausradiert.«
Man muss nur noch die Radiergummikrümel vom Blatt blasen oder wegwischen.

Tabula rasa.

Das machen die Großen.

Das ist die Erfahrung der Kleinen.

Das ist der Boden, auf dem Advent wächst und Weihnachten glänzt.

Und ist nur zu verstehen, wenn ich selbst aufhöre, den Starken zu spielen. Und das fällt furchtbar schwer. Auch mir.

Ich verstehe diese Weihnachtsbotschaft nur als Bedürftiger. Deshalb ist die Adventszeit eigentlich auch eine Fastenzeit. Wobei das Essen und Trinken wahrscheinlich das geringste Problem ist.

Das Fasten des Mundes, das Fasten der Faust ist viel wichtiger.

Dem Kleinen gilt die Verheißung.

Für die Ausradierten, für die Kleingemachten gute Nachricht.

Ein kleines Kind in der Krippe.

Geboren in der kleinen Stadt.

Besucht von kleinen Leuten.

Nach einer kurzen Nacht schon wieder auf der Flucht.

Ein kleines Kind.

Die verletzlichste menschliche Form.

Die bedürftigste Ausgabe Mensch.

Das ist der unerwartete Gott.

Ein Gott, bei dem man sich bücken muss, wenn man ihm begegnen will.

Das ist die Antwort für Seelen, die Stiefel wund getreten haben.

Entsprechend heißt es dann als gute Nachricht für das ausradierte Israel:

Denn jeder Stiefel, der mit Gedröhn dahergeht, und jeder Mantel, durch Blut geschleift, wird verbrannt und vom Feuer verzehrt.

Denn uns ist ein Kind geboren, ein Sohn ist uns gegeben, und die Herrschaft ruht auf seiner Schulter; und er heißt Wunder-Rat, Gott-Held, Ewig-Vater, Friede-Fürst; auf dass seine Herrschaft groß werde und des Friedens kein Ende auf dem Thron Davids und in seinem Königreich, dass er's stärke und stütze durch Recht und Gerechtigkeit.

Eine Verheißung, die jeder neue Tag Krieg und Terror in Jerusalem, in Haifa, in Gaza und weltweit Lügen straft.

So wie der Rest des Jahres das Weihnachtsevangelium Lügen zu strafen scheint. Siehe, ich verkündige euch große Freude, die allem Volk widerfahren soll.

Allem Volk. Das ist neu, wo doch die Götter immer nur am Wohlerge-
hen des eigenen Volkes gemessen wurden.

Alles Kleine hat Zukunft. Das Große ist schon ausgereizt, auch wenn es
sich jetzt noch mächtig gebärdet. So jubelt Maria nach der Begegnung
mit ihrem Engel.

Gib nicht auf.

Übernimm dich nicht.

Noch wichtiger: Unterschätze dich nicht.

Gib nicht auf.

Deine Ehe mit all ihren Widrigkeiten und Enttäuschungen, halte sie
hoch.

Deinen Beruf mit all seinen Misslichkeiten, sei dankbar.

Deine Kinder, wie immer sie sich entwickelt haben, behalte sie lieb.

Deine Gesundheit mit all ihren Einbußen, schätze sie wert.

Dein Land, deine Heimat, verabschiede dich nicht, auch wenn dir manches nicht passt; klinke dich nicht aus, gestalte mit.

Deine Kirche mit all ihren Enttäuschungen und Fehlern – erinnere dich,
wie wichtig sie dir in manchen Zeiten deines Lebens war.

Gottes Liebe, sagt das Weihnachtsevangelium, fängt klein an.

Und – sagt das Passionsevangelium – Gottes Liebe endet erbärmlich.

Aber, so bezeugt das Osterevangelium, sie aufersteht in Herrlichkeit,
und, so das Pfingstevangelium, Gottes Liebe greift um sich wie eine
ansteckende Gesundheit.

In unseren Advents- und Weihnachtsliedern besingen wir das Kleine,
das Unbedarfte, das Unschuldige, das Unbescholtene, das Geringe.

Unterschätze dich nicht!

Du, Bethlehem Efrata, magst die kleinste Stadt sein. Deine Ehe mag
unscheinbar und deine beruflichen Verdienste mögen mager sein, dein
Name mag nicht jede Woche in der Zeitung stehen, deine Gaben sind
dem Fernsehen keine Sendezeit wert, doch: unterschätze dich nicht!
In dir – wenn ich das Weihnachtsevangelium ernst nehme, muss ich
sagen –, gerade in dir wächst etwas Großes.

Gott wächst in dir, Bethlehem, Maria, Mensch.

Mensch, Gott wächst in dir.

Die Gerechtigkeit wächst in dir.

Du musst deine Träume nicht so klein halten. Alles Gute braucht Zeit.

Ich habe in drei Jahrzehnten Pfarramtsdienst beides erlebt: volle Kirche und leere Kirche, Freude und Frust, Erfolg und eigenes Versagen, beruflich und privat gute und schlimme Zeiten. Irgendwie fange ich immer wieder klein und von vorne an, hoffe auf Wegbegleitung und bin meiner Sache nicht sicher.

Jeder denkt: Wer bin ich schon? Das ist vollkommen normal.

Wir bekommen ja auch nur die Großen, die Mächtigen, die Lauten gezeigt. Auf Knopfdruck strahlen sie dich auf 20 Kanälen an. Aber hör genau hin. Hörst du nicht, wie sie hinter ihrer aufgemotzten Schau betteln: Schalt' mich nicht aus!

Ach, das ist doch allen Menschen gleich.

Schalt mich nicht aus. Mach mich nicht klein.

So fahren die Hirten zusammen, als sie der Engel anspricht. So erschrickt Maria und Josef will davon.

Fast immer heißt das erste Wort, das Engel sagen müssen: Fürchte dich nicht!

Gott wächst in dir, Bethlehem, Maria, Mensch.

Mensch, Gott wächst in dir.

Die Gerechtigkeit wächst in dir.

Du musst deine Träume nicht so klein halten. Lass sie wachsen. Suche Freunde. Stellt euch zusammen wie die Bäume im Wald. Dass man euer Recht nicht ausradiert.

Übe die kleine Ehrlichkeit. Lass der Gerechtigkeit Flügel wachsen und gib dem Frieden erst mal zwischen dir und den Deinen, dann aber auch zwischen dir und den Fremden, – gib dem Frieden Hand und Fuß, deine Hand, deinen Fuß.

Damit Himmel und Erde sich näherkommen.

Das war nicht umsonst damals in Bethlehem. Das war für dich. Du bist das wert. Du bist es wert, dass Gott sich ganz klein macht für dich. So dass du keine Angst mehr hast und keinen Grund mehr findest, »Nein« zu sagen, wenn er sagt: Ich liebe dich.

In der Krippe liegt ein leidenschaftlicher Liebesbrief. Die Engel singen ein leidenschaftliches Liebeslied. Und meinen dich und mich.

Jetzt lauf doch nicht wieder davon.

Jetzt bleib doch da.

Mensch, ich liebe dich.

Sagt Gott.

Zurückhaltender

Titus 2,11

»Anfangs ist es nur einer, der »Stille Nacht, heilige Nacht« vor sich hin singt. Leise klingt die Weise von Christi Geburt, verloren schwebt sie in der toten Landschaft Flanderns. Doch dann brandet Gesang wie eine Welle übers Feld, »um Schulterwehr und Schulterwehr und von der ganzen langen dunklen Linie der Schützengräben« klang es empor: »Schlafe in himmlischer Ruh«. Diesseits des Feldes, hundert Meter entfernt, in den Stellungen der Briten, bleibt es ruhig. Die deutschen Soldaten aber sind in Stimmung, Lied um Lied ertönt ein Konzert aus »Tausenden von Männerkehlen rechts und links«, bis denen nach »Es ist ein Ros entsprungen« die Luft ausgeht. Als der letzte Ton verklungen ist, warten die drüben noch eine Minute, dann beginnen sie zu klatschen und »Good, old Fritz« zu rufen, und: »Encore, encore«, »More, more«. Zugabe, Zugabe.

Die derart hoch gelobten Fritzens antworten mit »Merry Christmas, Englishmen« und »We not shoot, you not shoot«, und was sie da rufen, das meinen sie ernst. Sie stellen auf den Spitzen ihrer Brustwehren, die fast einen Meter über den Rand der Gräben ragen, Kerzen auf und zünden sie an. Bald flackern die, aufgereihten Perlen gleich, durch die Finsternis. Wie das Rampenlicht eines Theaters habe es ausgesehen, wird ein englischer Soldat seinen Eltern schreiben.

Die Bühne für die Inszenierung ist damit ausgeleuchtet, die Generalprobe für ein Stück gelungen, das an den nächsten Tagen an der Westfront gegeben wird. Hier und dort und überall von der Nordsee bis zur Schweizer Grenze. Der Intendant oben in seiner himmlischen Loge hatte für Flandern beste äußere Bedingungen geschaffen. Nach Einbruch der Dunkelheit an diesem 24. Dezember 1914 – und dunkel ist es bereits gegen sechzehn Uhr – verzog sich der Wind. Klarer Sternenhimmel »grüßte uns von der Wohnung des Allmächtigen herab«, und der Vollmond »verlieh der weiten, schönen flandrischen Rembrandtlandschaft durch sein mildes Licht das Gepräge wohltuenden Friedens«.

Beides hilft jetzt, der Mond und die Kerzen. Jede verdächtige Bewegung im Niemandsland wäre sichtbar. Ehre sei Gott in der Höhe, Friede den

Menschen auf Erden, verkündet das Evangelium für diesen Tag. Aber in offenbar gewordener Abwesenheit eines Höheren auf Erden beschließen Deutsche und Briten spontan, Franzosen und Belgier zögernd, an Weihnachten, ohne auf Gottes Segen zu warten, nicht aufeinander zu schießen. Einen solchen Frieden von unten gab es noch nie in der Geschichte eines Krieges. Es hat niemals wieder einen gegeben.«
(Michael Jürgs, Der kleine Frieden im Großen Krieg, München 2003, S. 7f.)

So beginnt Michael Jürgs Buch »Der kleine Frieden im Großen Krieg«. Erzählt wird kein Roman. Erzählt wird eine Geschichte, die alle, die sie erlebt haben, als Wunder feiern. Dort an der Front in Flandern beginnt ein kleiner Frieden mitten im Großen Krieg am 24. Dezember 1914 mit einem zaghaft gesungenen Lied. Drei Wochen hält dieser Frieden stand. Drei Wochen mitten im Krieg. Man hat sogar Fußball gespielt gegeneinander. Bis die Meldungen von diesem kleinen Frieden nach Hause durchsickerten, bis die Offiziere klein beigeben müssen, bis die obersten Heeresleitungen dazwischenfahren und das Ende aller Freundlichkeiten befehlen.
Am 14. Januar 1915 begann der Krieg wieder. Zwischen 1914 und 1918 ließen allein an dieser Front fünfhunderttausend Engländer ihr Leben, ebensoviele Kriegsopfer waren Deutsche.
Der Große Krieg hatte den kleinen Frieden wieder eingeholt.

Ich bin mit den Jahren zurückhaltender geworden, misstrauischer, mir selbst gegenüber, aber auch überhaupt misstrauischer. Mein Kopf denkt schneller »aber« als früher. Früher war ich leichter zu überzeugen. Es waren einfache Parolen damals auf den Spruchbändern, auf den Schildern von uns Studenten. Einfache Sätze, die wir riefen in den Straßen von Heidelberg oder Berlin, untergehakt, Hunderte, manchmal Tausende.
Ich war überzeugt von den einfachen Sätzen. War überzeugt, dass soziale Gerechtigkeit wirklich möglich ist. Dass Frieden wirklich möglich ist. Und wir hatten die Rezepte. Und wir sahen keinen, der sie uns hätte ausreden können.

Heute ist es mir manchmal wie ein Fluch, dass ich drei Tage, zwei Wochen, eine Folge weiter denke und dem Frieden jetzt nicht traue.

Wie leicht wird durch Misstrauen eine einfache Wahrheit zerredet. Ein ehrliches »Ich liebe dich« verliert seine Kraft. Ein Engel steht vor verschlossener Tür.

Eine Wahrheit muss man in einem Atemzug sagen können, so wie: »Ich liebe dich«. Oder »Ja, mit Gottes Hilfe«. Oder »Bleib, bitte.« Wir haben das verlernt. Wir sind erwachsen. Einfache Antworten sind uns verdächtig.

Eine befreiende Wahrheit ist einfach gesagt. Es ist erschienen allen Menschen die heilsame Gnade Gottes. (Titus 2,11) So steht es im Titusbrief – wer weiß, vielleicht aus der Feder des Paulus. Eine einfache Wahrheit. Es ist erschienen allen Menschen die heilsame Gnade Gottes. Wenn uns das erreicht, ist alles gesagt, was zu sagen ist.

Gerne möchte ich heute Abend Ihnen die Wahrheit in die Hand drücken, ans Herz legen. Den Glanz in die Augen malen und die Hoffnung in die Seele. In einfachen Sätzen. Vielleicht das Wort aus dem Mund der Engel an die Hirten: Fürchtet euch nicht. Euch ist heute der Heiland geboren. Ehre sei Gott, den Menschen seines Wohlgefallens Frieden.

Wer sind die Menschen, denen solche einfache Wahrheit gilt? Vielleicht die Kinder? Der sächsische Offizier Georg Reim, der so blumig die Welle des Gesangs in der Schulterwehr (an Heiligabend 1914) beschrieben hat, vertraute seinem Tagebuch an, alle Gedanken an Kampf, an Hass der Völker seien plötzlich vergessen gewesen. »Wir fühlten uns dabei glücklich wie die Kinder.« (a. a. O., S. 45)

Wer sind die Menschen, die einfachen Wahrheiten trauen? Denen nicht gleich ein »Aber« einfällt oder die trotz ihrer Bedenken gehen und die Geschichte sehen, die da geschehen ist und von der der Engel erzählt? Hirten. Landarbeiter. Schlichte Gemüter. Kinder.

Was ist ein »Mensch«? Vor wenigen Jahren hörten wir es im Radio praktisch stündlich. Bis heute einer der am meisten gespielten Titel. Ein ehrlicher Text. Ein Mensch in seiner Zerrissenheit. Keine fertigen Antworten, abgerissene Sätze, Gedankensplitter, Traumfetzen:

Momentan ist richtig, momentan ist gut
nichts ist wirklich wichtig
nach der Ebbe kommt die Flut
am Strand des Lebens ohne Grund, ohne Verstand
ist nichts vergebens ich bau die Träume auf den Sand

und es ist, es ist ok alles auf dem Weg,
und es ist Sonnenzeit unbeschwert und frei
und der Mensch heißt Mensch weil er vergisst,
weil er verdrängt und weil er schwärmt und stählt
weil er wärmt, wenn er erzählt
und weil er lacht, weil er lebt du fehlst …

und es ist, es ist ok alles auf dem Weg,
und es ist Sonnenzeit ungetrübt und leicht
und der Mensch heißt Mensch weil er irrt und weil er kämpft
und weil er hofft und liebt weil er mitfühlt und vergibt
und weil er lacht, weil er lebt du fehlst …

und der Mensch heißt Mensch weil er vergisst,
weil er verdrängt und weil er schwärmt und glaubt
sich anlehnt und vertraut
und weil er lacht, weil er lebt du fehlst …

… und der Mensch heißt Mensch weil er erinnert, weil er kämpft
und weil er hofft und liebt weil er mitfühlt und vergibt
und weil er lacht, weil er lebt
du fehlst …

Herbert Grönemeyer stammelt, er schreit, er windet sich, er sucht. Einfache Wahrheit. Da sagt einer das Missverständliche. Da stammelt einer seine augenblickliche Vernunft: Momentan ist richtig, momentan ist gut …

Ich wünschte, wir fänden öfter und es fänden mehr unter uns einen Weg, ihre Sehnsucht zu äußern, die Bruchstücke zu zeigen, die Blößen, die Wunden.
Nackt und bloß liegt das Kind in der Krippe.

Weihnachten ist ein Fest, an dem wir feiern, dass unsere Sehnsucht nicht ins Leere geht, dass die Antwort da liegt. Eine einfache, zerbrechliche, ehrliche Antwort, in die Kälte eines Stalles, in das Stroh einer Krippe, an die Brust einer kaum vierzehnjährigen Mutter und uns ans Herz gelegt.

Aber: Die Kundigen sind zurückhaltender.
Sie ziehen sich in ihre Stellungen zurück und telefonieren mit den Vorgesetzten.
Sie zerpflücken die biblischen Sätze, bis sie keinen Glanz mehr haben.
Sie bauen vertragliche Sicherungen ein in Ehen, weil man ja nie weiß.
Sie sagen: Lass niemand in die Wohnung. Fahr vorsichtig. Pass gut auf dich auf. Geh nicht bei Rot über die Straße. Trau keinem Fremden. Und sie haben ja oft auch recht.

Aber ist das manchmal nicht eine Plage, dass wir nicht mehr so offen sein können wie Kinder? Dass wir Worte drehen und wenden.
Dass wir das »Ich liebe dich« abklopfen, bis nur noch ein dürrer Zweig bleibt.
Dass wir das »Ich verzeihe dir« hinterfragen, bis dem Verzeihenden der Geduldsfaden reißt?
Dass wir dem Frieden nicht trauen und lieber in unseren Stellungen bleiben, als uns einem Wunder auszusetzen, nur weil wir die Enttäuschung fürchten?

Das Kind, dessen Geburt wir feiern, wird später ein Meister der einfachen Sätze sein. Er sagt in seiner Predigt auf dem Berg:
»Bittet, so wird euch gegeben; suchet, so werdet ihr finden; klopfet an, so wird euch aufgetan. Denn wer da bittet, der empfängt; und wer da sucht, der findet; und wer da anklopft, dem wird aufgetan. Wer ist unter euch Menschen, der seinem Sohn, wenn er ihn bittet um Brot, einen Stein biete? Oder, wenn er ihn bittet um einen Fisch, eine Schlange biete?« (Matthäus 7,7ff.)

Gott sagt in einfachen Worten »Ich liebe dich«. Diese einfachen Worte gelten allen.

Es ist erschienen die heilsame Gnade Gottes allen Menschen.

Da ist kein Kleingedrucktes. Ich stehe im Buch des Lebens.

Ich bin in Gott und Gott ist in mir. Und nichts kann mich trennen von Gottes Liebe. Keine schlechte Erfahrung und keine Macht der Welt.

Du kannst dem Frieden trauen, der höher ist als alle Vernunft. Und den Engeln danken, dass sie dir Beine gemacht haben. Und gelegentlich vielleicht danke sagen, denn der ganze Aufwand war für dich.

Du kannst darauf setzen, dass dieser Bagatelle vor Bethlehem, dass diesem kleinen Wunder das große folgt. Ostern und Leben und Auferstehung und Weite.

Du kannst dich darauf verlassen: Das von damals gilt noch. Das von der Gnade – für alle – gilt.

Ich wollte Ihnen die Wahrheit ans Herz legen.

Lasst diese einfache Wahrheit nicht hier.

Nehmt sie mit.

Sie ist gut für ein Leben und mehr.

Eine Hand voll Gott

Lukas 2

Der Himmel platzt aus allen Nähten, reißt auf.
Aus dem Riss quillt die Menge der himmlischen Mächte.
Ein paar Landarbeiter vor Bethlehem werden Zeuge.
Da liegt eine Hand voll Gott in Windeln gewickelt.
Darauf war die ganze Weltgeschichte von Anbeginn hinausgelaufen.
Und von nun an würde nichts mehr sein, wie es war.

Nun rechnen sich die Zeiten anders.
Nun redet man über Gott anders.
Das verändert die Werte: Macht Letzte zu Ersten, kehrt das Oberste
nach unten.
Da liegt eine Hand voll Gott in einer Futterkrippe, in Windeln gewickelt,
Und wir, wenn wir uns nicht schämen, wenn uns nicht unsere schlechten Erfahrungen, wenn uns nicht unser eigenes, gnadenloses Kalkulieren daran hindert, wir beten diese Hand voll Gott an wie die Hirten,
singen mit den Engeln Loblieder über die Wende der Zeiten.

»Sohn Gottes in der Höh, nach dir ist mir so weh. Tröst mir mein Gemüte, o Kindlein zart und rein, durch alle deine Güte, o liebstes Jesulein.
Zieh mich hin zu dir, zieh mich hin zu dir.«

Wir nehmen dankbar dieses Beten und Singen, auch das Hören und das an Heiligabend ganz andere Schweigen – im Glanz der Kerzen und der Herrnhuter Sterne schweigt es sich anders, in einer vollen Kirche schweigt es sich anders, hört doch einfach einmal für einen kurzen Augenblick, wie das ist, wenn wir hier schweigen …

… wir nehmen dankbar dieses Beten und Singen, auch das Hören und das an Heiligabend ganz andere Schweigen, diesen zugesagten und seit so vielen Generationen immer neu bestätigten und weitergegebenen Dienst Gottes an uns, – wir nehmen diesen Gottesdienst als den Beginn unseres Festes in der Familie, sofern uns noch eine geschenkt ist. Auch die Alleinstehenden gehen anders nach Hause, ein wenig getrösteter, eingebunden in die Vielzahl der anderen, die neben, vor und hinter ihnen gesungen und gebetet haben.

Nicht dass wir die Verstorbenen dieses Jahres vergäßen. Nein anders, wir sind ihnen jetzt, in diesem Licht, angesichts dieser Hand voll Gott und des verheißenen Friedens näher als sonst.

Nicht, dass wir die Menschen in Bethlehem und Gaza, in Jerusalem und Hebron, in Kabul und Bagdad, in Peking, New York oder Rangun, auf den Bahnhöfen oder auf den Pflegestationen vergäßen.

Nein anders, wir sind ihnen jetzt, angesichts dieses aufgebrochenen Himmels und all der Weite des göttlichen Herzens viel näher als sonst, mit unseren Tränen, mit unserer Sehnsucht nach Frieden, mit unserer Verzweiflung über das Unrecht, mit unseren Wünschen nach Heilung.

Nicht, dass wir die Obdachlosen oder die Arbeitslosen vergäßen, die ohnmächtigen Konkursopfer, die Biografien hinter den Statistiken, die Elenden mitten unter uns.

Nein anders, wir sind ihnen jetzt, angesichts dieses Lichts näher, weil es um ein verbrieftes, von Gott verheißenes Recht geht, wenn einer Leben und Wohnung und Heilung und Frieden einklagt.

Seit dieser Stunde hat jeder Mensch ein verbrieftes Recht auf einen gnädigen Gott.

Seit dieser Stunde hat jeder Mensch ein in Gottes Namen von allen Himmeln proklamiertes Recht auf einen Retter, einen Erlöser, einen Christus.

Seit dieser Stunde hat jeder Mensch das Menschenrecht auf Frieden.

Seit dieser Stunde hat jeder Mensch das Recht auf einen offenen Himmel, auf Einheit mit Gott, auf Teilhabe an dieser übermächtigen liebenden Kraft, die den gewaltigen Kosmos und das Treiben einer Karawanserei, in der in einer Ecke ein Kind geboren wird, miteinander verbindet.

Diese Hand voll Gott ist der Schlüssel zu aller Geschichte und ist die Antwort auf alle Fragen auch dann, wenn einmal die Geschichte der Menschen zu Ende geschrieben sein sollte.

So erzählt es Lukas. So predigt uns der Evangelist Lukas. So predigt der Evangelist allem Volk, so tragen es die Hirten weiter und so bewegt es Maria in ihrem Herzen. Das ist Evangelium. Diese Hand voll Gott ist Antwort auf alle Fragen.

Je dunkler die Welt, umso trotziger unser Schrei: Es ist doch verhei-
ßen!
Je kränker die Zeit, umso eindringlicher unser Gebet um Heilung.
Je elender die Aussicht, umso kräftiger unser Anspruch auf Weite. Ich
breche bei Frühnebel auf, die Prognose aber steht auf Sonne und gute
Sicht.
Das gilt den Jungen, die noch so unbedarft in die Zukunft hüpfen. Das
gilt den Alten, die die Monate oder Jahre längst nur noch für sich zäh-
len.
Für alle Welt – eine Hand voll Gott – aus offenem Himmel – aus der
Mitte Gottes.
Früher war mir das lange nicht so wichtig. Da war mir wichtig, dass
dies Kind ein Kind ist wie wir. Das ist mir immer noch wichtig.
Und doch: Das ist kein Kind wie wir. Das wollen uns die Evangelien,
die Lieder, die alten Überlieferungen sagen: Es ist ein Kind wie ihr und
es ist doch kein Kind wie ihr. Es ist auch – eine Hand voll Gott. Es ist
die Fülle Gottes im ohnmächtigsten Zustand, den Menschen kennen.
Ein Neugeborenes, unfähig zu leben, sich in irgendeiner Weise selbst
zu helfen. Es kann nur schreien. Ist ganz angewiesen darauf, dass man
es hört, dass man ihm hilft, dass man es kleidet, dass man es nährt und
streichelt und pflegt und liebt. Dass man es nicht schlägt und tritt und
tötet oder misshandelt.
Diese Vorstellung der Fülle Gottes in einer Hand voll Mensch ist so
unbegreiflich, manchen vielleicht lächerlich und geschmacklos. Und
erst noch die daraus folgende Geschichte. Gott macht ernst. Es war nicht
nur die Haut des Menschen, in die er schlüpfte wie ein Schauspieler in
eine Maske. Gott und Mensch sind eins. Und was sie eint, ist unendliche
Liebe.
Mir wird immer wichtiger, dass die tiefe Vorstellung der alten Texte
Wahrheit ist:
Was Lukas in seiner sicherlich ausgeschmückten Geschichte erzählt, ist
ja nur eine Erzählung.
Man hat diese Erzählung nachgespielt in Mysterien- und Krippenspielen.
Menschen brauchen Bilder. Auch wir machen das ja Jahr für Jahr. Wir
malen Bilder, wir singen Bilder, wir beten Bilder, wir predigen Bilder.
Aber hinter dem Bild und hinter der Erzählung, das ist Wahrheit. Das
ist die Wahrheit meines Lebens. Selbst wenn ich der am meisten Ange-
wiesene wäre, der notdürftigste und gefährdetste Mensch: Dieser Gott
ist mein Retter.

Du irrst, wenn du auf die gigantischen Eingriffe irgendwelcher außerirdischen Mächte wartest, ob zitternd oder hoffend.

Du irrst, wenn du meinst, du müsstest dein Leben lang strammstehen vor der Gewalt und vor der Stirn Gottes.

Du verstehst, wenn du spürst:

Gott will meine Liebe und meine Zärtlichkeit.

Gott will mich überlegen machen.

Gott will mich groß machen.

Gott will mich als staunenden Vater, als dankbaren Hirten, der in der Klarheit sich bewegen lässt und sich der Wahrheit stellt.

Du verstehst, wenn du die eigenen müden Fantasien, die kranken Wünsche aufgibst, dass die Ohnmacht dieser »Hand voll Gott« dich zu keiner Schau, zu keinem Rummel, zu keinen unmenschlichen Leistungen zwingt.

Gott legt sich dir einfach in die Hände und sagt: Jetzt hab' mich lieb.

Du bist Maria, du bist Josef. Du bist einer der Hirten. Schau, sagt Gott, jetzt stell dich neben mich, du siehst doch, ich brauche Windeln. Komm her, sagt Gott, nimm mich in die Hände, in die Arme, hülle mich ein, ich brauche Wärme.

Und du fragst: Gott, warum schlägt dein Herz schnell und aufgeregt wie das Herz eines neugeborenen Kindes?

Und du fragst: Gott, warum klingt dein Ruf wie der schwache Schrei aus dem Mund von 1500 Gramm Kind im Brutkasten einer Klinik?

Und Gott sagt: Ich will das so, damit du alle Angst verlierst. Dass du Vertrauen gewinnst. Dass du deine Aufgabe findest. Dass du dich selbst nicht knechtest, schlägst, zwingst. Dass du lieben lernst. Ganz von klein an lieben lernst.

Und dass du spürst: Das ist die Mitte der Welt – die Liebe Gottes. Und du gehörst dazu wie jedes andere Geschöpf.

Es gibt nicht die Geringen, die zu kurz kommen. Es gibt nicht die Mächtigen, die siegen. Es gibt – das habt zum Zeichen – ein Kind in Windeln gewickelt und in einer Krippe liegend.

Es gibt – hört die Worte und seht die Klarheit – Frieden auf Erden allen Menschen guten Willens.

Das beginnt nicht mit der Geburt eines Menschen und das endet nicht mit dem Tod eines Menschen.

Das beginnt nicht mit dem Aufgang eines Sterns und endet auch nicht mit dem Verglühen eines Sonnensystems.

Das beginnt nicht mit der Ära eines Kaisers und endet nicht mit einem apokalyptischen Krieg.

Du weißt nun, dass es so ist, Hirte.

Du weißt nun von dieser anderen Welt, kannst erzählen vom offenen Himmel, kannst berichten von dieser Hand voll Gott und den Engeln.

Kannst vor allem aber aufrecht gehen, dich am Leben freuen, lieben, Gutes tun, Frieden schaffen und Recht üben.

Es gibt ja Menschen, die dem Tod begegnet sind und von diesen tiefen Erfahrungen erzählen. Alle Erzählungen haben ähnliche Inhalte: Licht, wie ein Film zieht das Leben vorbei, es ist alles gut, man ist außer sich, es gibt keine Angst.

Es ist faszinierend, solchen Menschen zu begegnen, die noch einmal aus dem Koma aus dem Fast-Tod zurückgeholt worden sind.

Und nun müsste es Menschen geben, die erzählen können, dass sie dem Leben begegnet sind.

Das wäre es eigentlich: Wir Hirten, aus dem Stall mit der Hand voll Gott kommend, erzählen, dass wir dem Leben begegnet sind.

Und werben. Und verlieren die Angst. Und wissen: Der Himmel schließt sich nicht wieder. Ich darf leben unter offenem Himmel.

Und wenn meine Tage hier gezählt sind, dann sind sie gezählt, so wie man Sterne beginnt zu zählen oder Sandkörner am Meer. Oder Haare auf dem Kopf.

Und Gott sagt: Warum mühst du dich mit Zählen? Ich weiß es doch. Schau mal, damals habe ich dich um Wärme gebeten und du hast mir einen Mantel gegeben.

Und als ich schrie nach Milch, da hast du die Flasche gewärmt. Und als ich Atemnot hatte, hast du mir das richtige Medikament gegeben. Und als ich die Arbeit verlor, hast du mich über Wasser gehalten. Und als ich vor Gericht stand, da hast du in mein Herz gesehen und nicht in die Akten. Und als ich allein war, hast du mir das Essen auf Rädern gebracht. Und als ich einen Mann brauchte, der zupacken kann, da hast du gefragt: Wo klemmt's? Und als ich einen Unfall hatte, da bist du gekommen, hast mich in den Arm genommen. Und als ich eine Mutter brauchte, da hast du eine Nacht bei mir geschlafen. Siehst du, du brauchst nicht zu zählen. Du musst nur vertrauen.

Der Himmel schließt sich nicht wieder.

Er verdunkelt sich, er wird hell, er ist manchmal nah und manchmal fern. Aber er schließt sich nicht wieder. Diese Hand voll Mensch, Jesus Christus, der allmächtige Gott bürgt dir mit seinem Leben.

Nun geh und lebe in seinem Frieden. Du hast noch einiges vor dir.
Es gibt noch so viele, die auf Hirten und Engel warten, die dem Leben
begegnet sind.
Übrigens: In Grönland wechselt man zu Weihnachten die Tapeten der
Hütten und Häuser.
Viele haben etwas begriffen. Jeder auf seine Weise.

Behaltet es nicht für euch.
Sagt es weiter.
Ihr seid dem Leben begegnet.
Einer Hand voll Leben.
Aus der Fülle Gottes.

Gott wird uns eines Tages die Augen öffnen.
Dann sind wir in der Lage, nicht nur diese Hand voll Glanz, sondern
die Fülle des Glanzes zu ertragen.

Das Erbe annehmen (1. Weihnachtstag)

Galater 4,4–7

Sie haben sich verwundert die Augen gerieben am nächsten Morgen. Die Felder flossen nicht über vor Milch und Honig, die Engel hatten sich abgesetzt in himmlische Gefilde, die Schafe hatten Hunger, und die Wölfe verstanden nach wie vor ihr Handwerk.

Nun hat ein Hirte, ein Landarbeiter auch einmal das Recht auf einen Kater. Sie aber waren von einer Welt in die andere gefallen.

Und was galt nun? Der Bruch zwischen nächtlichem Glanz und Morgennebel war doch zu groß.

»Du kennst das doch«, sagt David, der erst seit zwei Wochen bei der Gruppe ist, »du kennst das doch: Einer sieht etwas, hört etwas, und die anderen wollen nicht nachstehen.«

»David, du irrst«, meint Jachin mit dem gebührenden Bedacht des Älteren. »Du vergisst, ich habe eine leere Milchkanne und Stroh aus dem Stall, und meine Decke ist auch noch dort unten.«

»Und warum glänzen dann die Schafe nicht wie Gold? Warum empfängt man uns in Bethlehem nicht wie Könige? Warum – bitte – blasen sie nicht das Schofarhorn und rufen ein Fasten aus? Warum sind keine Priester da, die uns befragen?«

Lassen wir die Hirten an diesem Weihnachtsmorgen fürs Erste allein. Irgendwann an diesen Weihnachtstagen werden wir ihnen wieder begegnen.

Fragen wir uns selbst: Wie sind wir über diese Nacht gekommen? War das ein schönes Fest gestern, wie Sie es wollten?

Ruhig, mit Musik und festlicher Freude, die alten Lieder und Texte, die Stunde Schweigen im Kerzenschein, das eine oder andere Weihnachtskonzert, die Geburtsgeschichte, die kleinen Geschenke, der sorgfältig geschmückte Baum, die gedämpften Geräusche, die warmen Lichter hinter den Fenstern …

Oder – wenn ihr Eltern seid, wie wir Eltern sind:
Ist es gelungen, dass nicht alle gleich die Geschenke überfallen haben?

War noch Zeit, die Weihnachtsgeschichte zu lesen, ein Lied zu singen, zu beten, Gott zu danken?
Schon wenn am Heiligen Abend die Geschenke ausgepackt sind, spüren wir das Ende des Glanzes. Der erste Weihnachtsfeiertag schlägt sich nüchtern auf, glanzlos, müde. Der Alltag nach dem Fest, die Wirklichkeit nach dem Traum.

Es ist auch eine andere Gemeinde heute. Wir sind weniger.
Wir sind gefasster.
Wir sind stiller.
Was zu sagen war, ist gestern schon gesagt worden. Und wer gestern nicht im Gottesdienst war, der hat es doch schon gehört.
Heute früh besehen wir bei Tageslicht den Weihnachtsbaum, hören wir die gute Nachricht fast schon wieder unter Bedingungen des Alltags.
Und so sind die Texte, die am ersten Weihnachtstag gepredigt werden, durchweg auch sehr ernste Texte. Bekenntnisse manchmal, keine Erzählungen. Versuche, das Geheimnis zu bündeln.
So bündeln auch die Verse aus dem Galaterbrief in wenigen, fast nüchternen Sätzen, was den Kosmos bewegte, Engel, Kaiser, Hirten, Weise – die Mitte der Zeit.

Lesung: Galater 4,4–7

Jeder unter uns möchte aus dem Vollen schöpfen; aus der Fülle der Zeit, aus der Fülle des Lebens, aus der Fülle der Gaben nehmen und geben.
Was ist das für ein eigenartiger Begriff: Als die Zeit »erfüllt« war? Man könnte meinen, da sei eine Uhr abgelaufen, so wie wir vom ersten bis zum vierten Advent rechnen, wie Kinder die Fenster ihres Adventskalenders öffnen oder wie wir heute in einer Woche am Altjahrsabend die Minuten zählen.
Aber hier ist nicht ein Maß gemeint, mit dem wir üblicherweise messen. Da ist nicht das »Fass übergelaufen« und nun hat Gott keine Geduld mehr.

In der Gedankenwelt, in der Jesus und Paulus leben, bestimmt nicht die Uhr die Zeit, sondern die Qualität.
Das hebräische Zeitverständnis orientiert sich an der richtigen Zeit und an der falschen, an der Zeit des Krieges oder des Friedens. Fragt also weniger »wie lange«, sondern »wie beschaffen« ist die Zeit? Ist es gute

Zeit oder böse? Und »wessen« Zeit ist es? Ist es Gottes Zeit oder Zeit der Götzen?

Aber jetzt, jetzt, wo wir die Geburt Jesu feiern, jetzt, heute, wo wir aufgebrochen sind von Gabentischen an den einen Tisch, von unseren vielen Kerzen zu dem einen Licht, jetzt ist »erfüllte Zeit«.

Nicht: Weil die Zeit abgelaufen war, kommt Gott. Sondern, weil Gott kommt, ist die Zeit erfüllt.

Erfüllt von Zeit, erfüllt von Gott, erfüllt von Herrlichkeit.

Jesus Christus, so sagen es die alten Schriften und so bezeugen es die Christen seit zwei Jahrtausenden, kommt aus der Fülle Gottes, aus Gottes Herzen, und bringt der Welt die Fülle Gottes. Den Glanz Gottes.

Aus dieser Fülle wurde die Erde erschaffen.

Aus dieser Fülle lebt die Welt von Ewigkeit zu Ewigkeit.

Eine Winzigkeit davon erahnen wir am schier unendlichen Sternenhimmel oder in den kleinsten Bausteinen des Lebens.

Aus dem Staunen wurden die größten Physiker und Biologen ehrfürchtig glaubende Menschen.

Mir ist das großartige Bild aus der Sixtinischen Kapelle vor Augen, Sie kennen es alle.

Michelangelo hat es gemalt.

Gott erschafft Adam.

Gott streckt, als schwebe er in dynamischer Eile und Tatkraft über den Kosmos, seine Rechte aus und berührt mit der äußersten Spitze seines Zeigefingers den Zeigefinger der linken Hand des noch fast leblos und matt daliegenden Adam. Schenkt dem Menschen Leben mit einem winzigen Bruchteil an Nähe und Berührung.

Als ob die Fülle der Begegnung für den Menschen nicht zu ertragen wäre.

Paulus ist geblendet, Mose erschüttert, Jesaja ruft: Wehe mir, ich vergehe!

Da herrscht Majestät, glänzt Ehre, strahlt Herrlichkeit, wuchtet Schöpfungsgewalt. Menschen zittern, erblinden, sind erschlagen von dieser Majestät, überleben nicht die Begegnung mit der Quelle allen Lebens, aller Energie.

Was ist das für eine ungeheure Bitte: »O Heiland, reiß die Himmel auf«, wo doch schon die kleinste Berührung zu vernichten droht?

Und nun hören wir gestern und heute und an jedem Christfest die ganz andere Fortsetzung dieser Geschichte:

Gott streckt nicht mehr nur den Zeigefinger aus, er gibt uns die ganze Hand.

Er breitet die Arme aus.

Mehr: Er zeigt uns selbst seine verletzlichste Stelle.

Aus der Tiefe der Zeit, aus der Fülle der Macht, aus der Weite der Liebe »kommt« dieses Kind »zur Welt«.

Kind einer Frau.

Mensch wie du und ich.

Wickelkind auf der Flucht.

Gezählt zu einer Nation.

Die Fülle überschwemmt das Elend mit der entwaffnenden Macht des Kindes. Und in diesem Kind wird das ganze Elend der Welt zu Gottes eigenem Elend.

Die Berührungsangst zwischen Adam und Gott ist dahin, die Leitern zwischen Himmel und Erde werden nicht mehr eingezogen. Da ist nicht mehr Oben und Unten, Innen und Außen, Gott und Welt.

Da ist nicht, schreibt Paulus wenige Verse vor unserem Predigttext, da ist nicht mehr Jude und Grieche, Frau und Mann, Sklave und Freier. Da sind alle und ist alles eins in Christus. Da sind die Grenzen gefallen, die das Innere und Äußere des Kosmos auseinanderhielten.

»Gott wird Mensch, damit der Mensch Gott werden kann«, sagen die Kirchenväter der frühen Jahrhunderte noch vollkommen ungeniert und für unsere Ohren anmaßend.

»Gott wird Mensch, damit der Mensch Gott werden kann.«

Das gilt zuerst für Jesus, und das gilt nicht minder für uns. Denn, und darauf zielt dies ganze Geschehen, wir werden alle Kinder. Freie Kinder Gottes.

Die Marionettenspieler der Antike sind vor den Vorhang getreten, sie waren keine Götter.

Sonne, Mond, Blitz und Donner, Meeresgewalt und Sternenpracht sind vor den Vorhang getreten, sie waren keine Götter.

Die Könige und Cäsaren, die Welteroberer und Heerführer sind vor den Vorhang getreten, sie waren keine Götter.

Und nun öffnet sich der Vorhang zum Allerheiligsten Gottes endgültig, und Gott – ist ein Kind.

Und Gott bleibt. Lässt sich nicht durch Verfolgung und Mord vertreiben.

Und lädt ein, nun selbst Kind zu werden, freies Kind.

»So bist du nun nicht mehr Knecht« – keine Ware mehr, nicht verkauft, verplant, abgeschrieben, der Macht der Mächtigen und den Launen der Götter ausgesetzt – »so bist du nun nicht mehr Knecht, sondern Kind, wenn aber Kind, dann auch Erbe durch Gott.«

»Er wird ein Knecht und ich ein Herr, das mag ein Wechsel sein!« Ob wir diesen »fröhlichen Wechsel« eher ertragen als die bis dahin schreckliche und erschütternde Begegnung mit Gott? Da kommt mir ja plötzlich eine Verantwortung zu, eine Mündigkeit und eine Größe, der ich nicht gewachsen bin.

Und – noch viel schwieriger:
Ich sehe das Kind in der Krippe, ich teile die feierliche Stimmung, ich suche Geborgenheit und Halt, ich höre, was du sagst von der Fülle und der Nähe Gottes.

Aber wie es der junge Hirte anfangs sagte: Warum spürt man von diesem Glanz nichts in meinem Büroalltag, an der Werkbank oder beim Besuch auf dem Friedhof? Warum schließen die Mächtigen nicht Frieden und denkt im Kleinen doch jeder an sich zuerst?

Warum sterben Wälder von der Größe unseres Landes und Tiere und Gewässer so ohnmächtig und wehrlos, wenn doch schon hier und jetzt und heute der Wille Gottes regiert und Gott sich nicht mehr zurückgezogen hat wie früher die Götter der Griechen auf den Olymp?

Er schaut um sich mit seinen Augen, er hat gelernt, ihnen zu vertrauen. Er beobachtet und misst die Welt nach irgendwelchen Einheiten, Zentimetern, Metern, Gramm oder Grad, er hat gelernt, sich darauf zu verlassen.

Vielleicht hat man ihm früher erzählt von einem Gott, der jenseits unserer Welt über allem schwebt und hier mal etwas ins Rollen bringt, dort eine Schuld vergibt, da für schönes Wetter sorgt oder für Frieden. Und dann denkt er an die Erdbeben, an die Erdrutsche, Überschwemmungen, Dürren und an die Kriege. Und wie er auch denkt und rechnet und misst und beobachtet – er findet keinen Gott mehr.

Der große, mittelalterliche Straßburger Mystiker Johannes Tauler sagt in einer Weihnachtspredigt:
»Wenn Gott zu dir kommen soll, wenn Gott in dich einziehen soll« – wenn du diese Fülle spüren und leben willst –, »dann musst du ganz leer werden. Willst du sprechen, so muss Gott schweigen. Soll Gott sprechen, dann musst du schweigen.«

Nun sind wir aber in einem ganz anderen Sinn »erfüllt«, oder besser »gefüllt«. Bis zum Hals schon steht uns eigentlich all das Messen und Rechnen, Haben und Besitzen, das Absichern des Habens und die Angst um den Besitz. Gelähmt, gebannt, zugeschüttet, verstopft sind wir und wundern uns, dass wir Gott nicht spüren; dass wir nicht mitgerissen sind von seiner Wucht und nicht begeistert von seiner Geduld.

Schon unseren Kindern erlauben wir kaum noch, Kinder zu sein, unbefangen, frei, nicht an Uhr und Kalender, nicht an Bankauszug und Versicherungspolice orientiert, sondern am Heute, am Jetzt, und das ganz, ungeteilt und mit allen Sinnen beteiligt.

Wie soll das gehen, dass wir dann selbst Kinder werden?

Wer aus dem Vollen schöpfen will, muss erst leer werden. Muss Kind werden. Und damit ganz angewiesen.

Das wollen wir nicht.

Wir wollen uns in irgendeiner Weise eine heile Haut oder eine gute Zukunft und nicht anders auch ein ewiges Leben verdienen.

Gott aber will uns beschenken, will uns beerben.

Wir sind schwer, er sucht unsere Leichtigkeit.

Wir sind gebunden, er sucht unsere Freiheit.

Sicherlich entscheidet sich erst am Kreuz und an Ostern unsere Geschichte. Aber schon bei der Geburt ist das Ziel eröffnet: unsere Erlösung, unsere Kindschaft. Wir sollen erben, was Er geschaffen, bewahrt und mit unendlicher Geduld geliebt hat.

Entweder nehmen wir – das ist unsere Freiheit – dies Erbe an, oder wir schlagen es aus.

Das Testament ist gemacht.

Das Testament ist eröffnet.

Wir sind als Erben eingesetzt.

Der Erblasser hat keine Hintergedanken.

Du bist mehr als eine Nummer, du zählst.

Du bist mehr als deine Termine, du bist ein Leben.

Du bist mehr als eine Funktion, du bist ein Mensch.

Du bist mehr als eine Personalakte, du bist ein Kind Gottes.

Gaudete, Christus est natus ex Maria virgine, gaudete!

Freut euch, Christus ist geboren von der Jungfrau Maria, freut euch!

... damit wir durch ihn leben sollen

1. Johannes 4,9–10

Welches Leben meinen wir eigentlich, wenn wir von »unserem Leben« reden? »Unser Leben währet 70 Jahre oder 80 Jahre«; »Das war mein Leben«; »Das ist doch kein Leben so!« – Was meinen wir eigentlich damit? Meinen wir die Zeit, die uns geschenkt ist? Je älter man wird, umso deutlicher werden die Grenzen. Meinen wir die Arbeit, mit der wir im guten Fall nicht nur unser Geld verdienen, sondern uns auch verwirklichen, gestalten können? Im schlechten Fall nur funktionieren. Meinen wir das, was nach der Arbeit kommt, die Freizeit, unter der viele Zeitgenossen zwischenzeitlich mehr stöhnen als unter ihrer Arbeit? Was meinen wir? Meinen wir Gesundheit? Meinen wir Lebenszeit? Meinen wir Bewusstsein? Ist ein Mensch, der nur noch durch Maschinen am Leben erhalten wird, nicht mehr am Leben? Ist der Mensch, der eben erst gezeugt wurde, noch nicht am Leben? Hat der Mann, der mit 55 arbeitslos wird und irgendwie über die nächsten 10 Jahre für teures Geld hinweggelogen wird, hat der das Leben verloren? Ist das Leben etwas, was man abhaken kann, Stück für Stück, bis auf den letzten kleinen Haken, den dann ein anderer macht? Ist das Leben das einigermaßen geordnete, zeitlich befristete Zusammenspiel von biologischen, chemischen und physikalischen Prozessen? Oder ist das Leben das, was noch kommt, was noch vor uns liegt, der Faust'sche Augenblick, der so schön ist, dass man dafür alles gibt? Oder ist es das danach, was einen Sokrates lächelnd zum Giftbecher greifen ließ, voller Gewissheit, dass dies jetzt, das Irdische, das Fleischliche, das so Abhängige, dass das nur ein schlechtes Abziehbild ist, ein Abklatsch des wahren Lebens, ein Vorgeschmack nur auf das, was kommt?

Oder ist es so, dass wir eigentlich gar nicht sagen können, was Leben ist, weil uns die Distanz fehlt.

Sie sollten sich solche Überlegungen immer wieder einmal zumuten. Unter Druck ist die Antwort viel schwieriger. In den 14 Tagen zwischen Gewebeentnahme und Laborbefund. Oder wann auch immer etwas uns in Krisen stürzt.

181

Unser Heiligabend-Predigttext bringt einen neuen Gesichtspunkt in diese Überlegung. Ob er Sie überzeugt, weiß ich nicht. Und ob wir uns das einfach so sagen lassen, weiß ich auch nicht.

»... damit wir durch ihn leben sollen«. Leben ist etwas, was durch einen anderen geschieht. Leben ist etwas, was eben nicht in meiner Verfügung steht. Ja, es ist sogar so: Ich scheitere, wenn ich mein Leben in die eigene Hand nehme. Das liegt nun allerdings so quer zu allem, was bei uns in diesen Jahren gesagt, gemacht und den Menschen verkauft wird, dass die Weihnachtsbotschaft zu einer großen Provokation wird, wenn wir sie hören. Wenn wir sie konsumieren als Bestandteil eines Familienfestes, dann ist sie schön. Aber sie wirkt nicht. Sie erreicht uns nicht da, wo sie uns eigentlich angeht.

Wo geht uns die Botschaft denn an, dass »Gott zur Welt kommt«?

Sie geht uns nur da an, wo wir in dieser Welt einen Mangel spüren, wo wir mit unserem Latein am Ende sind, wo wir uns verfahren haben oder verzweifeln. Alles andere macht keinen Sinn. Ich brauche keinen Gott, der zur Welt kommt, als Zugabe oder Nachtisch. Ich brauche Gott, wenn ich am Verhungern bin. Ich brauche keinen Gott, um meinen Kindern dreimal im Jahr etwas zu schenken. Ich brauche einen Gott, wenn ich merke, ich scheitere mit meiner Liebe. Ich brauche keinen Gott, um zu wissen, dass einer den anderen nicht totschlagen sollte. Aber wenn das Totschlagen in Mode kommt, wenn wir selbst fast gar nicht mehr anders können, als irgendwo doch immer wieder in den Tod anderer verwickelt zu werden, dann brauche ich Gott.

Ich brauche Gott, wenn ich ehrlich bin.

Ich bin ehrlich: Ich brauche Gott.

Was habe ich denn auf Dauer in die Waagschale zu legen, was nicht mehr und mehr für zu leicht empfunden wird, nicht trägt? Das kann es nicht sein, dass ich ein Leben lang versuche, die Waage im Lot zu halten. Das geht eben dann irgendwann nicht mehr.

Darin ist erschienen die Liebe Gottes *unter uns*, dass Gott seinen eingeborenen Sohn gesandt hat in die Welt, damit wir *durch ihn* leben sollen.

Unter uns erschienen, damit wir durch ihn leben.

Unter uns erschienen. Als ob wir das je verstehen würden. Als ob da mehr möglich wäre als ein Fest und eine Nacht lang diskutieren über Gott und die Welt. Wie kommt es, dass schon so kurz nach »Erscheinen« der Liebe Gottes dieses Kind im politischen Wirrwarr damals fliehen muss, dass später der junge Mann ein ums andere Mal seine Familie, vor allem die

Mutter, in eine Krise stürzt, dass letztendlich die Antwort der Welt auf das Erscheinen der Liebe Gottes der Versuch ist, sie auszulöschen? Die Bibel erklärt uns, dies sei genau das eigentliche Ziel dieser Liebe, sich zu geben.

Weihnachten ist, und eigentlich ist das mit Karfreitag nicht anders, ein Tag, an dem wir Menschen zum Zuschauen verurteilt sind. Was heißt verurteilt – eingeladen! Es ereignet sich etwas, was undenkbar ist. Wir tun so, als seien wir die Handelnden, Maria, Josef, die Hirten, die drei Weisen aus dem Morgenland, meinetwegen auch der Wirt aus unseren Krippenspielen, der die Familie in den Stall weist. Vom Kind reden wir im Passiv. Wir sagen: Es wird geboren. Mit ihm geschieht etwas. Und das ist das eigentlich Undenkbare: Gott lässt das mit sich geschehen. Gott ist nicht mehr der, der an Fäden zieht. Man wickelt Gott in Windeln. Man schiebt Gott ab an den Rand der überfüllten Stadt. Man jagt Gott. Gott ist seines Lebens nicht mehr sicher. Wenn unser Reden von einem drei-einigen Gott einen Sinn hat, dann kommt nicht nur ein Drittel Gottes auf die Welt, sondern Gott selbst kommt ganz zur Welt.

Und wenn dieses »Zur-Welt-Kommen« Gottes einen Sinn haben soll, dann nicht den allein, dass sich da ein Opfer neben die vielen Opfer da-zustellt, dass sich Gott einreiht in die lange Schlange der Geschlagenen, Geschundenen und auf viele Weisen Verarmten. Ich weiß nicht, wie viele Menschen damals um die Zeitenwende auf der Erde gelebt haben. Volks-zählungen wurden damals erst durch die Römer eingeführt. Aus Steuer-gründen. Aber dass sich da noch einer dazustellt zu den Vielen, das nun wäre den ganzen Aufwand an Hirten, Sternen, Engeln und Magiern nicht wert gewesen. Das ist auch kein besonderes Schicksal, wenn da ein Kind auf die Welt kommt, im Abseits, Eltern auf der Flucht. Heute können wir das miterleben am Bildschirm, was andere früher – und bei uns ist das ja auch nur 60 Jahre her – selbst erlitten oder mit angesehen haben. Auch der Kreuzestod war kein besonderes Schicksal.

Das Besondere, das Eigenartige und Unverständliche ist, dass der drei-einige Gott diesen Weg geht. Da hieß es doch jahrtausendelang bis hi-nein in unsere Adventslieder, wir sollten dem großen Gott den Weg bereiten, die Türen öffnen, Palmzweige streuen oder Blütenblätter, Lie-der singen und Opfer bringen. Und nun auf einen Schlag alles ganz anders. Nun kommt Gott in aller Alltäglichkeit auf die Welt, um – *uns* zu dienen.

Darin ist erschienen die Liebe Gottes *unter uns*, dass Gott seinen eingeborenen Sohn gesandt hat in die Welt, damit wir *durch ihn* leben sollen.

Die Liebe ist das Motiv. Die Liebe, die diesen Gott schier verzehrt. Während andere Götter ein Gelächter haben für die Sorgen der Menschen,
lädt dieser Gott all die, die in einer Schlange stehen mit ihm, all die lädt
er ein, ihm ihre Trauer auf die Schulter zu laden. Das, was sie quält. Das,
was in Geschwüren nach innen und in Aggressionen nach außen platzt.
Was uns mürbe und dünnhäutig und unglücklich macht. Womit wir
die anderen neben uns mürbe und dünnhäutig und unglücklich machen. Da steht dieser dreieinige Gott in unserer Reihe, und sagt: Leg ab.
Vor 460 Jahren hat Martin Luther an Weihnachten in seiner Sprache,
für seine Gemeinde in Wittenberg in der Predigt gesagt:»Fragst du: wo
die christliche Kirche zu finden sei? Ich will dir's sagen: die christliche
Kirche musst du suchen, nicht dass sie liege zu Rom noch zu St. Jakob
zu Nürnberg, noch zu Wittenberg, noch unter Bauern, Bürgern, Adel,
sondern es heißt also:»Sein Reich liegt auf seiner Schulter«. ... wer da
glaubet, er sitze Christo auf seiner Schulter, das ist, alle seine Sünde liege
Christo auf dem Halse, also dass das Herz sage: Ich weiß keinen anderen Trost, denn dass alle meine Sünde und Missetat Christo auf seiner
Schulter liegen. Welche also Christo auf der Schulter liegen, die heißen
und sind Kirche und rechtschaffene Christen.«

Ich nehme an, Sie haben verstanden, dass Luther nicht die als rechtschaffene Christen bezeichnet, die da nicht in der Reihe stehen, die
betteln um ein bisschen Leben, einen Freispruch vielleicht oder ein
Stück Brot. Luther nennt die Mangelhaften rechtschaffen. Die, an denen
ein Mangel haftet, den sie nun diesem Kind, diesem Gott, diesem dreieinigen Gott an den Hals hängen und auf die Schulter legen und sagen:
Du, Gott, du kommst mit meinem Elend zurecht. Darauf setze ich
meine Hoffnung.

Und da macht dieser Gott mit. Und weil nun das nicht mehr auf meiner
Schulter liegt, weil dieser Mangel nun an Gott selbst haftet, kann ich
aufrecht gehen.

Das ist kein Eia-popeia-Märchen. Auch wenn sich gerade in den vielen
kindlichen Weihnachtsgeschichten, in der Sehnsucht nach weichen
Schritten auf schneebedeckten Straßen, wenn sich hinter all diesen
Sehnsüchten nach weißer Weihnacht, nach weichen Schritten und Stille,
nach Schonung von Körper und Seele in kitschigem Gewand genau das

verbirgt, um das es geht. Es geht um Schonung, es geht um Bereinigung, es geht um Frieden und Einverständnis, es geht um Schweigendürfen und Wärme zu Hause, es geht um Miteinander in all dem Gegeneinander und Nebeneinanderher. Sage mir keiner, er würde sich danach nicht sehnen. Und er bliebe dabei nicht Jahr für Jahr mehr schuldig, als er zu geben in der Lage war.

Es gibt zwei bedauernswerte Sorten von Menschen – ich gehöre selbst mal zur einen, mal zur anderen, manchmal auch zu beiden: Die einen, meine ich, die sich selbst, so wie sie sind, nicht liebenswert finden und an sich rumdoktern und rummachen, um endlich dem eigenen Bild zu entsprechen. Mit den anderen meine ich die, die so tun, als ob sie keine Liebe nötig hätten, weil sie stark genug sind, einfallsreich genug, gesund genug. Beide schließen sich eigentlich aus. Sie spielen. Und Gottes Liebe kommt zur Welt, damit sie leben. Sie spielen. Und Gottes Liebe will Ernst machen. Sie sind mit dem Außenputz ihrer Ehe, ihres beruflichen Erfolges oder ihrer Familie beschäftigt, während das Leben vorübergeht. Darin ist erschienen die Liebe Gottes *unter uns*, dass Gott seinen eingeborenen Sohn gesandt hat in die Welt, damit wir *durch ihn* leben sollen.

Wenn die Weihnachtsfreude das Auspacken der Geschenke zu Hause überdauern soll, dann sollten Sie all den Dreck, die Last, die Trauer und die Wut getrost in diese Krippe legen, ans Kreuz heften oder wie auch immer dem dreieinigen Gott übergeben. Ich habe selbst in diesem Jahr an mir, ich habe in vielen, vielen Briefen, in vielen Gesprächen bei Gesunden, Kranken, auch bei Sterbenden so viel Verletztheit gespürt, so viel Resignation, so viele gute Mienen in einem bösen Spiel, so viele Härten und so viel Orientierungslosigkeit. Was sind die Menschen so einsam und machen darum eine Menge Theater. Jeder weiß es vom anderen. Ein Totentanz inmitten der Fülle. Was Gott uns schenkt, ist Lebensfreude mitten im Mangel.
Die Lichter am Baum, an den Fenstern, hier auf dem Altar brennen nicht ohne Grund. Gott ist dahin gegangen, wo in seiner Schöpfung die Not am größten ist, zu uns. Wir wollten unsere Haut retten. Er rettet unser Leben.
Darin ist erschienen die Liebe Gottes *unter uns*, dass Gott seinen eingeborenen Sohn gesandt hat in die Welt, damit wir *durch ihn* leben sollen.

Im kosmischen Kreißsaal schreit die Welt nach ihrem Retter (1. Weihnachtstag)

Micha 5,1–5

Das Ros ist entsprungen,
das Licht ist erschienen,
das Kind ist geboren,
die Welt ist erlöst.

Das Ros ist erfroren,
das Licht ist erloschen,
das Kind auf der Flucht,
die Welt aus dem Lot.

(aus Gerhard Engelsberger, Wir kommen auf Umwegen, Evang. Presseverband Baden, Karlsruhe 1991, S. 18)

Ein so ernster Beginn einer Weihnachtspredigt? Was nun: Ist die Welt erlöst oder ist die Welt aus dem Lot? Ist das Licht erschienen und dann doch erloschen? Gab es nur »Frieden auf Zeit« für die Hirten auf den Feldern Bethlehems, für die vielen Wartenden und Suchenden seit dieser ersten »heiligen Nacht« und in so vielen Nächten seither?
Wenn man den Meldungen glauben darf, dann halten sich unter dem Weihnachtsbaum Freude und Enttäuschung die Waage. Bei nicht wenigen bleibt nach dem Heiligen Abend ein fahler Nachgeschmack. Kaum dass sich die Weihnachtsfreude hinüberrettet in den kommenden Tag, geschweige denn in ein neues Jahr.
Im zu Ende gehenden Jahr gehörten Bilder von weinenden Kindern, gehetzten Müttern, gebeugten Alten, Bilder von Flüchtlingen zum Alltag. Kriege, Verfolgung, Flucht mitten in Europa. Hunger und Flucht weltweit.
Als im Jahr 587 vor Christus die Hauptstadt Jerusalem belagert ist von Babyloniern, zeichnet sich das Ende des Tempels, das Ende der großen Stadt ab. Klage, Tränen, Angst wohin man blickt. Draußen vor den Toren auf freiem Feld werden Sammellager gebildet, in denen die Trecks nach Babel zusammengestellt werden (H.W.Wolff, Micha, S. 108). Fa-

milien werden zerrissen, man schleift die Mauern, zerstört den Tempel. Wie ein Baum gefällt, liegt das stolze Königtum der Nachkommen Davids da.

Die Prophetenworte des Predigttextes heute stammen aus dieser elenden Zeit. Ihnen voraus geht eine Klage über den Zusammenbruch. Jerusalem, die Tochter Zion, die stolze Hauptstadt wird beschrieben wie eine Frau in Wehen. Sie liegt und schreit, dem Spott der Betrachter ausgeliefert. Noch ist keiner da, der eingreift, der die Getrennten sammelt, die Weggeführten zurückbringt, keiner der Frieden schafft.

Dann wendet der Prophet den Blick weg von der großen, einst so stolzen Stadt Jerusalem, von dem gefällten großen Baum auf den Stumpf, auf den Rest, auf die Wurzel, auf den Ursprung, auf einen kleinen Schößling, auf ein kleines Dorf, 9 km südlich der Hauptstadt: Bethlehem.

(Micha 5,1–4a)

Ist er der, den wir suchen? Ist er der, der uns fehlt?

Ist Jesus Christus der, der die Hoffnungen der Wartenden erfüllt, den verheißenen Frieden bringt, die Welt erlöst? Weit über die Grenzen der geschundenen Tochter Zions hinaus, weit über das erwählte Volk hinaus, »so weit die Welt ist« (V. 3) – ist er der Friede?

Als man dem Rabbi sagte, der Messias sei gekommen, unterbrach er sein Bibelstudium, ging ans Fenster, schaute hinaus, drehte sich um und sagte: Wenn der Messias gekommen wäre, müsste die Welt anders aussehen.

Da liegt die Welt seit tausenden von Jahren in Wehen, bäumt sich auf von Krieg zu Krieg, immer schlimmer die Schreie, immer größer die Wunden. Im kosmischen Kreißsaal schreit die Welt seit 2000 Jahren nach ihrem Arzt und will eine neue Zeit gebären dürfen, eine gute Zeit, eine Zeit ohne Tod, Krieg, Hass, Elend, Hunger, Trennung, Einsamkeit, Pest, Krebs, Gewalt.

Verrückt ist die Welt, wenn erwachsene Menschen in einen Stall gehen, um sich bei einem eben geborenen Flüchtlingskind die Antwort auf die Frage nach dem Sinn ihres Lebens zu holen. Glauben wenigstens wir, dass dieses neugeborene Flüchtlingskind die Antwort ist auf alle Klagen, Fragen und Tränen?

Hirten sind erdige Menschen. Wetterfeste Haut, Hände mit Schwielen, wortkarg, zurückhaltend, etwas plump vielleicht und derb, sie wittern

Gefahr, sind von Berufs wegen vorsichtig, misstrauisch. Bei den Hirten schlägt die gute Nachricht wie eine Bombe ein. Sie müssen gewartet haben. Bei aller Wortkargheit und Vorsicht, sie müssen Menschen gewesen sein, die empfänglich waren für überraschend gute Nachrichten. Den Weisen geht ein Licht auf. Sie sind schon unterwegs und suchen, was die Welt im Innersten zusammenhält. Während die Hirten ihre Arbeit tun und warten, sind sie unterwegs und suchen. Sie sind schon einen Schritt weiter als die Hirten. Ihnen geht auf dem Weg ein Licht auf. Sie hätten es nicht gesehen, das Zeichen nicht erkannt, wie alle anderen auch nicht, hätten sie nicht darauf gewartet.

Zeit des Wartens. Über 2000 Jahre Advent. Milliarden und Abermilliarden Kerzen und Lieder und Kugeln und Enttäuschungen und Freude. Jeder von uns fängt ja wieder ganz neu an, zu warten, ganz einmalig und unvergleichlich. Die Hirten warten anders als die Weisen. Die Kinder warten anders als die Eltern. Die Alleinstehenden warten anders als die glücklich Verheirateten. Gesunde warten anders als Kranke. Die Christen in Kenia warten anders als die Christen in Berlin.

Selig ist der, der nicht umfällt, der nicht strauchelt, der im Wartestand nicht die Geduld verliert. Selig ist der, der nicht sieht und doch glaubt.

Einmal im Jahr erlauben wir uns Kerzen, Herrnhuter Sterne, Weihnachtspyramide und Krippe, bauen unsre Träume auf. Gott sei Dank haben wir uns diese Träume noch nicht zerschlagen lassen. Wer vom Heil träumt, gesteht ein, dass er im Unheil lebt.

Die Hirten und die Weisen haben eines gemein: Angesichts dieses Wunders der Heiligen Nacht schweigen sie und beten. Und dann gehen sie wieder an ihre Arbeit. Das Kind in der Krippe, so niedlich es da liegt, dürftig geschützt, dieses Kind entzieht sich unserem Zugriff. Es verweist uns auf die Hungernden, Nackten, Gefangenen und Kranken und sagt: Die brauchen deine Zärtlichkeit. Das ist unser Alltag.

Das »Kommen des Retters« führt eigenartigerweise ins Abseits, in den Hinterhof, in einen Stall. In Bethlehem geboren, man spürt schon das abschätzige Urteil über ein Provinznest. »Was soll schon aus Nazareth Gutes kommen?«, werden später die Menschen fragen. Auch so ein kleines, unbedeutendes Nest, oben in Galiläa.

Überhaupt: Wider alles Erwarten, gegen alle geschichtliche Erfahrung kommt Gott nicht in Gesten der Größe und Allmacht. Zeus & Co. schleudern Blitze, machen donnernd Eindruck, bringen die Erde zum Beben und versetzen die Völker in Schrecken.

Ein Stall, Hirten, eine Futterkrippe, Flüchtlingseltern, Orte draußen vor der großen Stadt, das sind die Zeichen des Kommens unseres Gottes. Damit ist schon die Richtung angegeben, in der Gottes Wahrheit für uns nach und nach enthüllt wird im Christusgeschehen, bis Christus seine Herrlichkeit zeigt als einer, der sich für uns opfert. Es ist der untere Weg, der zur Herrlichkeit führt. Die sichtbaren Erfolge bleiben bescheiden. Es sind wenige Kranke, die in den 30 Jahren nach der Geburt in Bethlehem gesund werden, nicht alle. Es sind wenige Kriege, die verhindert werden, verschwindend wenige, angesichts der Zahl derer, die man führt. Es sind 2 oder 3 Tote, die auferweckt werden. Nicht mehr. Das Licht ist in seiner Fülle nicht zu haben, vielleicht auch nicht zu ertragen.

Keine lauten Töne und keine starken Worte im Warteraum der Zukunft, auf den Bahnsteigen, auf denen manchmal wochen-, manchmal jahrelang keine Züge ankommen. Im Warteraum des Lebens möchte ich es mit den Hirten und mit den Königen halten: Schweigen, das Kind anbeten, und dann gehen und meine Arbeit tun.

Eigentlich beginnt für uns Pfarrerinnen und Pfarrer, für die Christen in unseren Breitengraden heute früh, am ersten Weihnachtstag schon wieder der Alltag. Für die meisten ist das Fest vorüber, das Feuerwerk von Sternen, Lichtern, Geschenken und Gefühlen abgebrannt. Die Feiertagsgemeinde muss sich bescheiden mit dem Leben, das sie vor der Stadt findet. Und gerade darin findet sie ihren Trost.

Nein, die Welt ist eben nicht nur erlöst für ein paar Stunden. Das göttliche Licht leuchtet nicht nur im Augenblick auf wie ein Blitz. Er kommt. Er kommt in mein, in unser Leben. Er ist unterwegs und wirft sein Licht seit zwei Jahrtausenden schon voraus. Schon dieses vorausgeworfene Licht verändert. So wie das Licht eines Scheinwerfers die Straße schon verändert, längst bevor der Wagen sie befährt. So erfahren die Menschen der Bibel ihren Gott und Gottessohn und Retter jetzt schon als Licht ihres manchmal dürftigen Lebens. Und so schenken Sie sich gegenseitig Trost, Ermutigung, Lieder, Gebete. So beginnen sie zu beten, wo es anderen die Sprache verschlagen hat. So beginnen sie zu singen, wo andere ihre Harfen, Gitarren und ihren Mund in die Ecke stellen und sagen: »Das war es also. Es hat eben nicht sollen sein.« Nein, sagen, beten und singen die anderen, jetzt eben beginnt das Neue.

Weihnachten ist, und eigentlich ist das mit Karfreitag nicht anders, ein Tag, an dem wir Menschen zum Zuschauen verurteilt sind. Was heißt verurteilt – eingeladen! Es ereignet sich etwas, was undenkbar ist. Wir tun so, als seien wir die Handelnden, Maria, Josef, die Hirten, die drei Weisen aus dem Morgenland, meinetwegen auch der Wirt aus unseren Krippenspielen, der die Familie in den Stall weist. Vom Kind reden wir im Passiv. Wir sagen: Es wird geboren. Mit ihm geschieht etwas. Und das ist das eigentlich Undenkbare: Gott lässt das mit sich geschehen. Gott ist nicht mehr der, der an Fäden zieht. Man wickelt Gott in Windeln. Man schiebt Gott ab an den Rand eines überfüllten Provinznestes. Man jagt Gott. Gott ist seines Lebens nicht mehr sicher. Wenn unser Reden von einem dreieinigen Gott einen Sinn hat, dann kommt nicht nur ein Drittel Gottes auf die Welt, sondern Gott selbst kommt ganz zur Welt.

Und wenn dieses »Zur-Welt-Kommen« Gottes einen Sinn haben soll, dann nicht den allein, dass sich da ein Opfer neben die vielen Opfer dazustellt. Das nun wäre den ganzen Aufwand an Hirten, Sternen, Engeln und Magiern nicht wert gewesen. Das ist auch kein besonderes Schicksal, wenn da ein Kind auf die Welt kommt, im Abseits, Eltern auf der Flucht. Selbst der Kreuzestod war kein besonderes Schicksal.

Das Besondere, das Eigenartige und Unverständliche ist, dass der dreieinige Gott diesen Weg geht. Da hieß es doch jahrtausendelang bis hinein in unsere Advents- und Weihnachtslieder, wir sollten dem großen Gott den Weg bereiten, die Türen öffnen, Palmzweige streuen oder Blütenblätter, Lieder singen und Opfer bringen. Und nun auf einen Schlag alles ganz anders. Nun kommt Gott in aller Alltäglichkeit auf die Welt, um uns zu dienen.

Die Liebe ist das Motiv. Die Liebe, die diesen Gott schier verzehrt. Während andere Götter ein Gelächter haben für die Sorgen der Menschen, lädt dieser Gott all die, die in einer Schlange stehen mit ihm, all die lädt er ein, ihm ihre Trauer in die Krippe zu legen. Was sie quält. Was in Geschwüren nach innen und in Aggressionen nach außen platzt. Was uns mürbe und dünnhäutig und unglücklich macht. Womit wir die anderen neben uns mürbe und dünnhäutig und unglücklich machen. Da steht dieser dreieinige Gott in unserer Reihe und sagt: Leg ab.

Das ist kein Eia-popeia-Märchen. Auch wenn sich gerade in den vielen kindlichen Weihnachtsgeschichten, hinter all diesen Sehnsüchten nach weißer Weihnacht, nach weichen Schritten auf Schnee und Stille, nach Schonung von Körper und Seele in kitschigem Gewand genau das verbirgt, um das es geht. Es geht um Schonung, es geht um Bereinigung, es geht um Frieden und Einverständnis, es geht um Schweigendürfen und Wärme zu Hause, es geht um Miteinander in all dem Gegeneinander und Nebeneinanderher. Sage mir keiner, er würde sich danach nicht sehnen. Und er bliebe dabei nicht Jahr für Jahr mehr schuldig, als er zu geben in der Lage war.

Die Lichter am Baum, hier auf dem Altar brennen nicht ohne Grund. Gott ist dahin gegangen, wo in seiner Schöpfung die Not am größten ist, zu uns. Wir wollten unsere Haut retten. Er rettet unser Leben.

Die Welt aus Kinderaugen

Jesaja 9,1–6

Eigentlich hätte ich ihn gerne gefragt, warum er hier sitzt und sich das antut.

Einige Minuten – ich war aus dem Kaufhaus gekommen, draußen Schneeregen, so halb drinnen noch ein schützendes Dach – einige Minuten vielleicht war ich stehen geblieben und beobachtete ihn. Da saß er, hatte eine längst nasse Decke unter sich gebreitet, saß da und spielte auf einer einfachen Blockflöte. So wie Kinder spielen. Nicht solche, die Preise gewinnen.

Eher solche, die nach zwei Jahren endlich irgendwie spüren, dass für sie auch auf diesem einfachen Instrument nichts zu holen ist. Saß er da in der Fußgängerzone der Stadt und spielte Weihnachtslieder. Vor sich eine ganze Reihe von Papierschiffchen und Papierfliegern. Sie kennen das. Das, was Kinder basteln und aus dem Fenster werfen oder im Bach schwimmen lassen. Saß da.

30 Cent das Stück. Längst aufgeweicht. Im Schneeregen schwammen die Schiffe und taumelten die Papierflieger. Und die Straßenbahn raubte ihm das »Ihr Kinderlein, kommet«. Erst wieder bei »Bethlehems Stall« hörte man seine Flöte. Sie war noch immer nicht rein.

Nein, er hatte nicht einmal eine Mütze da liegen oder ein Kästchen für Almosen. Nein. Er wollte verkaufen. Und die 50 Cent, die er auf das Schildchen geschrieben hatte – 50 Cent für ein Papierschiffchen, 50 Cent für einen Papierflieger –, die hatte er durchgestrichen. So wie man im Winterschlussverkauf um 30 oder 40 % reduziert. 50 hatte er durchgestrichen und 30 daraus gemacht. 30 Cent für ein Papierschiffchen. So was, wie ich es hier habe. So was, wie ich es jetzt fliegen lasse. 30 Cent.

Saß er da und spielte Weihnachtslieder.

Kein amputiertes Bein.

Kein Jammern und Klagen.

Kein Betteln.

Nur die Flöte und die längst aufgeweichten Schiffchen und Flieger.

Stand ich da. Und dann ging auch ich weiter. Es wollte nicht aufhören mit dem Schnee, der eh ein Regen war. Wollte nicht aufhören.

Im Weggehen hörte ich noch, wie er »Maria durch ein Dornwald ging«
spielte. Das hört man selten in den Kaufhäusern: »Dornwald«. Vielleicht
dass man doch noch eine Scheu hat vor Dornen?

Gerne hätte ich ihn gefragt.
Gerne hätte ich ihn gefragt, warum er hier sitzt. Woher er kommt. Was
ihn treibt. Was ihm fehlt.
Aber ich hatte so wenig Zeit wie Sie.
So wie uns das eben vor Weihnachten allen geht.
Manchmal mische ich mich ja ein.
Mische mich ein in Lebensläufe. Mit zwei Euro oder mit einem Ge-
bet.
Aber ich bin gegangen wie die anderen. Zur Tiefgarage. Es war keine
Möglichkeit mehr, ihn zu sehen. Die Tiefgarage führt weg von der Fuß-
gängerzone.
»Maria durch ein Dornwald ging«.
»Kyrie eleison.«
Ein »Herr, erbarme dich« diesem Gebeugten, der Papierschiffchen und
Flieger verkauft, mit steifen Fingern Weihnachtslieder auf der Flöte
spielt. Dem keiner was abkauft.
Man liest ja so vieles.
Von arbeitslosen Professoren und lebensmüden Akademikern. Wer
weiß. Vielleicht auch frisch geschieden. Vielleicht auch nur ein wenig
krank. Vielleicht doch ein cleverer Trick. Vielleicht einfach nur ein Bild
– ein Augenblicksbild, über das wir weg huschen.
Aber wenn wir diese kleinen Bilder eines Jahres sammelten, wir würden
unruhig.

In einer Woche wird man uns einen Reigen zeigen der großen Sieger
und der großen Verlierer des Jahres. Weiß Gott, mein Flötenspieler und
Papierschiffchenmacher wird nicht dabei sein.

Ich hätte ihn ja gerne gefragt.

Ist das eigentlich vorbei?
Ist das eigentlich verloren?
Oder ist da noch ein Rest, auf den wir aufbauen könnten?
Oder anders gesagt:
Es ist doch verrückt, dass wir Jahr für Jahr auf diesen einen Abend hin

193

leben, als ob sich unser Leben hier entscheiden würde.

Ja, wo denn – beim Auspacken der Geschenke?

Und wo da?

Beim stillen Beobachten?

Freut er sich?

Ist mein Geschenk angekommen?

Hat sie meine leisen Signale verstanden?

Eines ist ja doch spannend und hat sich herübergerettet durch all die Verballhornungen, Märkte und Werbestrategien. Man kann ja schon sagen, dass dieses Fest maltraitiert ist wie kein zweites. Irgendwie hat dieses Fest immer noch etwas mit Schenken und Beschenktwerden zu tun. Auch wenn sich längst die Hilflosigkeit zu feiern auch hier ausdrückt. Vielleicht an dieser Kleinigkeit möchte ich mich festhalten – und weiß, sie ist so zerbrechlich. Ich weiß, ich kann an Heiligabend nicht all das ausgleichen, was ich das Jahr über an Geschenken schuldig geblieben bin.

Den Kindern an Zeit, der Frau an Liebe, dem Nachbarn an Hilfe, dem Schuldigen an Vergebung, dem Kranken an Besuchen, mir selbst – vielleicht – an Ehrlichkeit.

9 Minuten – so kam es im Fernsehen – sollen deutsche Ehepaare am Tag durchschnittlich miteinander reden. Unglaublich. Die Statistik sagt es so. 9 Minuten im Schnitt pro Tag.

Sagen wir 10.

Ich rechne anders: Hätten wir all das, was wir jetzt gerne ausdrücken möchten mit unseren Geschenken, die Eltern den Kindern, die Kinder den Eltern, die Frau dem Mann, der Mann der Frau – hätten wir jeden Tag nur 10 Minuten mehr Zeit gehabt, eine Zigarettenlänge, eine Nachrichtensendung, eine Busfahrt zum Bahnhof, ach, rechnen Sie selbst in Einheiten, die für Sie stimmen, nur 10 Minuten, täglich – und hätten das angehäuft übers Jahr bis heute, das wären 172 Stunden, das wären über sieben Tage. Zehn Minuten mehr nur am Tag, das wären am Ende über 7 Tage eines Jahres.

Wir hätten eine ganze Woche – nur für uns, nur für die Liebe, nur für die Zärtlichkeit, nur für den Austausch von Wünschen, nur für das zweckfreie Spiel, nur für die gemeinsame Stille und Ruhe. Eben nur für das, wonach wir uns sehnen.

Jeder hätte sieben Tage lang das, wonach er sich sehnt.

Was gäben wir manchmal darum, wenn wir nur einen Tag hätten.

Sie streiten und streiken und fordern und ziehen und zerren um einen Tag Urlaub mehr oder weniger. Die einen behaupten, alles ginge zugrunde, und die anderen sagen, der Mensch sei keine Maschine. Es geht also um Wichtiges.

Ich will nur sagen: Am Tag nur 10 Minuten mehr von dem, was ich in der Summe dann doch schuldig geblieben bin, das gäbe am Ende des Jahres eine ganze Woche.

Das lässt sich nicht aufwiegen. Die Zeit zerrinnt zwischen den Fingern.

Die Zeit ist dir geschenkt.

Unser Weihnachtsevangelium sieht die Welt aus der Sicht eines Kindes.

Und das gibt einen qualitativen Umschwung.

Jesaja 9,1–6 lesen

Unser Weihnachtsevangelium sieht die Welt aus der Sicht eines Kindes.

Es ist lange her, gut 30 Jahre, da habe ich in Mannheim einen Tag lang die Stadt aus der Sicht eines Kindes fotografiert – schwarz-weiß, die Negative habe ich noch. Die Bilder später in meiner Kirche, der Friedenskirche, ausgestellt.

Betrachten Sie einen LKW aus der Sicht eines Kindes. Das ist erschreckend.

Auch ein Tisch ist ein Monstrum, auch ein Waschbecken, selbst eine Toilette.

Aus der Sicht eines Kindes wird alles riesengroß. Die Wege werden weit und der Spielraum klein. Und dennoch ist Leben so weit und die Tür so offen und die Liebe so unkompliziert und der Frieden so handnah.

So 10-Minuten-mäßig alles.

Ob man das übersetzen kann, ohne dass es gleich kitschig wird?

Ob man das übersetzen kann, ohne dass man gleich ein schlechtes Gewissen bekommt?

Ein Kind ist uns geboren.

Auf seiner schwachen Schulter die ganze, wesentliche Entscheidung über mein Leben.

Auf seiner Schulter die ganze Altersversorgung, der Nord-Südkonflikt und die 5 Millionen Arbeitslosen.

Auf seiner schwachen Schulter die Erderwärmung, die Abholzung des

Regenwaldes, die Kioto-Bruchstücke und die Aidskranken.
Auf seinem Rücken das Ozonloch und der Welthandel.
Das Kind trägt Namen, die aller Erfahrung spotten:
Wunder-Rat – guter Rat ist teuer;
Gott-Held – Gott hat nach aller Erfahrung keine guten Karten. Wenn
du bei google.de oder bei e-Bay »Held« eingibst, taucht irgendein Biologie-Professor mit diesem Namen auf, dann Michael Ballack und irgendwann das Angebot, für 25 Euro Held in einem Krimi zu werden.
Ewig-Vater – mehr als die Hälfte der Väter verabschiedet sich recht bald,
oder wird verabschiedet.
Friede-Fürst – ist kein Friede. Spürt jeder. Weiß jeder. Klagt jeder.
Das Kind trägt Namen, die aller Erfahrung spotten.

Nun fragen Sie sich wahrscheinlich schon 10 Minuten oder mehr: Wie
kriegt der da vorne die Kurve, dass uns Heiligabend nicht verdorben
wird. Wenigstens Heiligabend nicht.

Wer einem Kind begegnet, sagt Martin Luther im Blick auf jede Geburt
eines Kindes, wer einem Kind begegnet, begegnet Gott auf frischer Tat.
Wer diesem Kind begegnet, schaut Gott ins Herz. Und wer einmal Gott
ins Herz geschaut hat, weiß, woher er kommt, wohin er geht, und warum er eine Fröhlichkeit in sich trägt, über die er sich manchmal selbst
wundert.
Jedes Jahr geraten wir in der Adventszeit »in andere Umstände«. Verrückt, was wir inszenieren. Das ist eine große, mächtige Erinnerung –
nicht nur an die eigene Kindheit, die war ja auch nicht immer rosig.
Jedes Jahr geraten wir um die Weihnachtszeit in »andere Umstände«.
Das ist für mich die Erinnerung daran, dass der Mensch über das Hungern und Dürsten und Arbeiten und Rechnen und Planen, über das
Gewinnen und Verlieren hinaus eine Geschichte hat, die sich auf Frieden reimt, die nach Liebe riecht und der Zärtlichkeit weiten Raum
schenkt. Oder der Vergebung. Was wärst du, und wo wärst du, ohne
dass an der entscheidenden Stelle einer oder eine dir vergeben hat?
Du machst doch bei weit geringerem Anlass eine Flasche Sekt auf.

Was feiern wir anderes an Weihnachten, als dass ein Kind geboren ist,
das aller Welt Sünde auf sich nimmt?
Ich weiß, das ist ein alter, müder Begriff. Sünde.
Aber irgendwie spürt jeder den Begriff, da, wo er ihn spüren soll.

Und das ist gut so. Weil nun hier keiner mehr dir deine Sünde vor die Nase hält, keiner mehr dir die Fehler um die Ohren haut. Die Rechnung ist durchkreuzt, dein Konto ausgeglichen. Du bist frei. Die ganze Welt, die ganze Weite ist offen.

Ich weiß, die Weisen aus dem Morgenland gehen auf Umwegen zurück. Die Engel singen woanders und die Hirten gehen wieder an ihre harte Arbeit.

Aber da hat sich qualitativ etwas verändert.

Dieses Kind bleibt nicht Kind.

Auf seinem Kreuz stehen andere Namen.

Ein Spottvers, ein Joke.

Manchmal sind die Namen der Eltern für die Kinder eine Zumutung.

Jesus – Jeschua – Gott hilft.
Immanuel – Gott ist mit dir.
Wunder-Rat,
Gott-Held,
Ewig-Vater,
Friede-Fürst.

Das ist keine Utopie. Der Frieden hat einen Namen. Und das Leben hat eine Weite. Und die Liebe hat einen Ort. Und die Zärtlichkeit hat einen Grund und Heiligabend hat einen Anlass und deine Geschenke haben ein Motiv und deine Hoffnung ist nicht für die Katz.

Und wenn du nur Papierschiffchen baust und »Ihr Kinderlein, kommet« in der Fußgängerzone spielst – die beiden Ufer sind unter dem Wasser längst verbunden. Anders macht alles keinen Sinn.

Eigentlich hätte ich ihn gerne gefragt, warum er hier sitzt und sich das antut.

Dann hatte ich ein Geschenk vergessen und ging zurück. Wenig Zeit. Und dann noch ein Geschenk vergessen. Der Schnee war in Regen übergegangen. Regenschirme aufgespannt. Hut und Schirm tief im Gesicht. Erst recht kein Blick mehr für den Flöter und Papierschiffchenbauer.

Ich kam zum Kaufhaus, als er eben zusammenpackte.

Da war dann doch dieser kurze Augenblick:

»Sind Sie zufrieden mit heute?«

– Schweigen. –

»Haben Sie genug eingenommen?«, frage ich.

»Genug eingenommen?«, sagt er.

»Wo kommen Sie her?«, fragt er mich.

»Aus Wiesloch.«

»Und was tun Sie hier?«

»Ich kaufe die letzten Geschenke ein.«

Er räumt zusammen. Die Flöte, die aufgeweichten Schiffe und Flieger, seine Decke.

»Haben Sie genug eingenommen?«, frage ich noch einmal.

Er meint: »Ich muss noch üben.«

Packt zusammen, die letzten Papierschiffchen schwimmen weg. Die Decke tropft. Kein Mensch mehr da.

Auch der Nikolaus gegenüber hat aufgesteckt.

Nur ich bin unruhig geworden.

Mein Parkschein ist längst abgelaufen.

Aber keiner, der etwas von mit verlangt.

Keiner, der von mir etwas verlangt.

»Ich muss noch üben« – hat er gesagt.

Bei allen Engeln, Hirten und Königen: Warum lässt mich dieser Satz des Flöters nicht mehr in Ruhe: »Ich muss noch üben.«

Ich muss noch üben, hatte er gesagt. Und bei meinem Weggehen hinzugefügt: »Aber das passt schon.«

»Haben Sie genug eingenommen?«

»Das passt schon.«

Zwei Welten.

Wenn sie wirklich eins würden. Ein Segen.

»Haben Sie genug eingenommen?«

»Das passt schon.«

kai esmen – … und wir sind es auch

1. Johannes 3,1–6

Heute sind wir ganz unter uns. Sehr nah. Sehr persönlich. Das ist nicht die brechend volle Kirche von gestern. Deshalb heute sehr persönlich. In Ruhe und unter dem Glanz des Lichtes, das uns wieder erreicht hat, vielleicht auch erst »auf den letzten Drücker« …

Ich kann nicht mehr gut Griechisch, aber ein Satz wird mir bleiben. Ein Pfarrer, den ich beerdigt habe, hat ihn mir bei Besuchen im Altenheim immer wieder eingeschärft. Hier lebte er seine letzten Jahre und Monate.
Ein Satz, ein Nebensatz.
Nachgeschrieben, als wolle noch jemand alle Unsicherheit auslöschen.
So wie man hinter Briefe noch ein P.S. setzt, durchaus Wichtiges.
»Ach, was ich dir noch sagen wollte …«
»Du, das musst du unbedingt noch wissen …«

Sie hören diesen Satz jeden Sonntag, zumindest, wenn ich den Gottesdienst halte.
Im 1. Johannesbrief heißt es:
Seht, welch eine Liebe hat uns der Vater erwiesen, dass wir Gottes Kinder heißen sollen – und wir sind es auch!
Und es scheint sicher, dass das eben nicht immer so dastand. Jedenfalls fehlt der Nachsatz, das P.S., das post scriptum, in einigen Handschriften.
Da stand einfach:
»Seht, welch eine Liebe hat uns der Vater erwiesen, dass wir Gottes Kinder heißen sollen.«
Das war vielleicht einem, der den Text abgeschrieben hat, zu wenig.
kai esmen – »… und wir sind es auch!« hat er angefügt.

Und so steht es heute in unserer Bibel. Und so ist es heute Teil des Weihnachtsevangeliums. »kai esmen« – »… wir sind es auch!«
Das hat mich damals, es ist über fünfundzwanzig Jahre her, es war 1983,

das hat mich damals sehr tief beeindruckt. Der Satz steht auch auf dem gemeinsamen Grabstein der Eheleute. Mich hat das tief bewegt, dass der alte, fast blinde Pfarrer so großen Wert darauf legte und mir diesen Satz mitgab, den ich seither immer – wie er in seinen Gottesdiensten – vor dem Vaterunser sage: Wir heißen nicht nur Kinder Gottes. Wir sind es auch. Und beten gemeinsam zu unserem Vater.

Und wir sind es auch.

Ich habe zwei Jahrzehnte Theologendasein gebraucht, bis ich begann, zu verstehen:

Nicht ich rede von Gott. Gott redet in mir.

Nicht ich muss mich rechtfertigen und ins rechte Licht stellen.

Gott rechtfertigt mich und leuchtet mein Leben aus.

Nicht ich muss auf mich aufmerksam machen.

Gott erinnert sich meiner in erstaunlicher Liebe.

Gott erinnert sich.

Gott findet den Weg in mein Inneres und beginnt, mich zu heilen.

Sagen wir es in den Worten der Weihnachtsbotschaft der Engel: Gott wird Mensch, damit Friede sei unter den Menschen und Frieden im Menschen. Damit der Mensch seine verzweifelte Suche aufgeben muss, kommt Gott und bleibt. Jesus sagt: Kommt her zu mir alle, die ihr mühselig und beladen seid, so werdet ihr Ruhe finden für eure Seelen.

Und Dietrich Bonhoeffer nimmt diesen Heilandsruf auf und bittet:

Ach Herr, gib unsern aufgescheuchten Seelen

das Heil, für das du uns bereitet hast.

Was mir bleibt, ist die faszinierende Konsequenz aus dieser Erkenntnis: Stille.

Es gibt nichts, wonach ich mich mehr sehne und was mich immer wieder neu mit Kraft ausstattet, über die ich selbst staune.

Stille ist, … wenn alles wieder stimmt.

Wenn alles wieder stimmt, so habe ich es einmal in einem Kinderlied ausgedrückt:

Wenn Papa, Mama, Hund und Katz,

wenn Dompfaff, Piep- und Hosenmatz,

wenn alles wieder stimmt.

Wir spüren, dass vieles nicht stimmt. In der Weltpolitik stimmt es nicht, wenn ein Krieg von langer Hand vorbereitet wird und keiner ungestraft dem Mächtigen in den Arm fallen kann und sagen darf: Das ist der falsche Weg.

Unter uns stimmt es nicht, wenn es unserem reichen Land nicht gelingen will, die Arbeitslosigkeit zu reduzieren, während die Schwarzarbeit eher zunimmt.

In unserem Innern stimmt es nicht. Wir sind unruhig, fahrig geworden. Kaum einer ist glücklich und ruhig in diesen Tagen.

Wenn alles wieder stimmt, dann ist Ruhe für die aufgescheuchten Seelen. Stille ist, wenn sich die Worte fügen zu einer herzlichen Umarmung meiner Seele. Wenn ein Körper wärmend den anderen spürt. Wenn ein Blick alles sagt. Wenn ich eins bin.
Wie ein gestilltes Kind erlebe ich Frieden,
Frieden vom Wiegenlied der Mutter,
Frieden von den Händen, die mich bergen,
Frieden von der Stimme, die sagt: Es ist alles gut.
Frieden vom vertrauten Geruch, ein tiefer Klang von Heimat.
Dann will ich versuchen, mein Leben einzufügen in die Stille. Will loslassen, was mich hindert. Will die geballten Hände öffnen. Will den angehaltenen Atem ruhig fließen lassen. Will mein Lied leise horchend anpassen diesem großartigen, heilenden Klang. Will warten mit offenen Händen, mit bloßer Seele und geduldigen Ohren.
Gott ist zu mir unterwegs.
Heilen will er mich.
Er sagt zu mir: Nun leg doch ab, setz dich, lass mit dir reden. Lass die Engel ihren Dienst tun.

Es geht um Demut. Einübung in Stille ist Einübung in Demut. Einübung in Vertrauen. Und damit die entscheidende (Vor-)Übung zum Glauben.

Das sind mir die kostbarsten Augenblicke, wenn ich zurücktreten kann, die Hände in den Schoß legen kann. Mir das Gute sagen lassen kann. Ganz nah, in einfachen Worten. So, dass ich kein »aber« mehr habe. Das ist für mich, der ich so oft reden muss, etwas ganz Kostbares: in Demut zurücktreten, schweigen, horchen, die Hände in den Schoß legen, das Evangelium auf mich wirken lassen.
Stille ist für mich als Theologen auch Einübung in theologische Demut, Einübung in Verzicht auf Befriedigung meiner Neu-Gier.

In der Stille habe ich gelernt, »Nein« zu sagen. In der Stille und im Studium des Evangeliums, in der Meditation, im Staunen, beim Spaziergang durch den Garten habe ich mehr gelernt: Ich bin geliebt, bin ein Ort Gottes, bin »gerechtfertigt«, muss mich nicht rechtfertigen.
Ich kann nicht alles, muss nicht alles, will nicht alles, werde nicht alles und brauche nicht alles.
Stille war für mich die Entdeckung geschenkter Freiheit.
Ich bin nicht die Antwort. Da ist ein Wort.
Ich bin nicht die Lösung. Da ist eine Hilfe.

Immer wieder führt ins die Welt in die Versuchung, dass wir meinen, wir könnten sie retten, wir könnten lösen. Wir können vieles. Frieden stiften und Hunger stillen, zärtlich sein und rechtschaffen.
Aber wir sind nicht die Antwort.
Wir sind nicht die Lösung.
Noch bin ich am Anfang. Wir werden immer am Anfang sein. Gott sei Dank.
Es gibt ein wunderschönes Gedicht von Reiner Kunze über die Liebe (Aus: Reiner Kunze, gespräch mit der amsel © S. Fischer Verlag GmbH, Frankfurt am Main 1984):

»Rudern zwei
ein boot,
der eine
kundig der sterne.
der andre
kundig der stürme,
wird der eine
führn durch die sterne,
wird der andre
führn durch die stürme,
und am ende ganz am ende
wird das meer in der erinnerung
blau sein«

Hat nicht jeder von uns irgendwo ein Handicap? Nicht wieder gut zu machen. Nur auszugleichen durch die Liebe eines anderen.
Das wäre eines Studiums wert: Wo kann ich mit meinen Gaben das Handicap eines anderen ausgleichen?

Gott hat uns ein Haus gebaut. Gott ist eingezogen in dieses Haus.
Wir heißen nicht nur Kinder Gottes. Wir sind es auch.
Du bist ein Ort Gottes.

Wenn es auch einmal nicht gestimmt hatte zwischen Gott und den
Menschen, und Erde und Himmel zwei Welten wurden, verschlossen
eine vor der anderen, so steht nun der Himmel wieder offen, denn Gott
ist bei den Menschen.

Seht, welch eine Liebe hat uns der Vater erwiesen, dass wir Gottes Kinder
heißen sollen – und wir sind es auch!

Meine Lieben, wir sind schon Gottes Kinder; es ist aber noch nicht offen-
bar geworden, was wir sein werden. Wir wissen aber: wenn es aber offen-
bar wird, werden wir ihm gleich sein; denn wir werden ihn sehen, wie er
ist.

… und am ende ganz am ende
wird das meer in der erinnerung
blau sein«

Wir heißen nicht nur Kinder Gottes.
Kai esmen.
Wir sind es auch.

Von der Wiederkehr des Glanzes in der Welt

Johannes 7,28f.

In einem jüdischen Gebet heißt es:

Du bist!
Nicht des Ohres Hören und des Auges Licht kann dich erreichen.
Kein Wie, Warum und Wo haftet an dir als Zeichen.
Du bist!
Dein Geheimnis ist verborgen: Wer vermag es ergründen!
So tief, so tief – Wer kann es finden![3]

Hätten wir das Geheimnis entschlüsselt, dann wäre es uns auch nicht wohler. Dann wären wir – am Ende. Keine Weltreligion kommt ohne »Geheimnis« aus. Alles, was uns Freude macht und ein Stück weiter trägt von Erfahrung zu Erfahrung, von Jahr zu Jahr, all das Wichtige unseres Lebens kommt auch von außerhalb. Wie wir es nun nennen: Gnade, Gott, Licht, Liebe. Es ist jedenfalls so, dass der Grund unseres Lebens nicht in uns selbst liegt.
Was ist, wenn sie alle Gene entschlüsselt haben. Wir wären dann am Ende, oder?

Noch einmal das jüdische Gebet:

Du bist!
Nicht des Ohres Hören und des Auges Licht kann dich erreichen.
Kein Wie, Warum und Wo haftet an dir als Zeichen.
Du bist!
Dein Geheimnis ist verborgen: Wer vermag es ergründen!
So tief, so tief – Wer kann es finden?

Wir behaupten, dem Geheimnis näher zu sein. Den aller Welt Kreis nie beschloss, der liegt in Marien Schoß. Er ist ein Kindlein worden klein,

---

3. Aus: M. Sachs: Festgebete der Israeliten, 3. Teil, 15. Aufl. Breslau 1898, zit. nach R. Otto, Das Heilige, München 1991, S. 41

der alle Ding erhält allein. Er hat die Mauer zwischen Mensch und Gott durchstoßen. Oder sagen wir, die Mauer zwischen dem Menschen und dem Geheimnis, dem er sich verdankt. Simone Weil, eine große jüdische Denkerin des letzten Jahrhunderts, sie ist nur 34 Jahre alt geworden; sie hat sich in der Emigration in England buchstäblich zu Tode gehungert, aus Solidarität mit den Ihren. Sie schreibt einen Gedanken.

»Zwei Gefangene in benachbarten Zellen, die durch Klopfzeichen gegen die Mauer miteinander verkehren. Die Mauer ist das Trennende zwischen ihnen, aber sie ist auch das, was ihnen erlaubt, miteinander zu verkehren. Das Gleiche gilt für uns und Gott. Jede Trennung ist Verbindung.«

Die Mauer. Sie trennt. Mit ihrer Hilfe können sie sich aber auch miteinander verständigen.

Mir kommt es so vor, als sei eine Zeit da, in der Jesus Christus sich trennend zwischen uns und Gott geschoben hat. Der dreieinige Gott – eine komplizierte theoretische Geschichte. Jesus Christus – Gott und Mensch, eines Wesens mit dem Vater und doch ganz Mensch wie wir – kann man das heute noch so sagen? Muss man das nicht ändern und übersetzen?

Es bleibt ein Geheimnis, was in jener Nacht geschah, trotz der vertrauten Weihnachtsgeschichte aus dem Lukasevangelium. So wie es ein Geheimnis bleibt, wie Gott Mensch werden soll, gerade Mensch.

In einer Legende legen die Engel Protest ein gegen den nochmaligen Versuch mit dem Menschen. Es reicht jetzt. Das mit den Menschen kann man doch nun wirklich als gescheitert zu den Akten legen. Der Erzengel Gabriel verteidigt Gott gegen die Vorwürfe und sagt: »Dies Kind wird die Art der Menschen besitzen, nicht aber ihre Unart.« Doch immer noch regt sich Widerstand. Da erzählt Gabriel, wie er Gott Vater gesehen hat: »Ich habe ihn gesehen. Seine Augen leuchteten vor Freude, und die ganze Menschheit spiegelte sich darin, als er ans Werk ging. Kann ich euch da eine andere Antwort geben?«

Ich erlaube mir die Freiheit der Begegnung mit dieser göttlichen Freude, mit diesem »Glanz«. Fast erschrecke ich über meine Bereitschaft, mich von dieser »Stimmung« dann doch anstecken zu lassen. In diesem Fest hat sich gegen jede Erfahrung die Hoffnung oder Gewissheit herüber-gerettet: Dies Kind »kennt ihn«, »ist von ihm«, »er hat es gesandt«. So besehen könnten wir fast auf Worte verzichten, wenn dies eine verge-wissert wird: In ihm ist das Heil. Er kommt von Gott. Diese Geschichte geschieht lange vor meiner Geschichte, ist beschlossen vor aller Ge-schichte und damit vor allen denkbaren und tatsächlichen Irrwegen. Ist unabhängig von eigenem Gelingen oder Versagen. Wenn ich meine Seele diesem Glanz aussetze, dann wirft sie endlich einmal keine Schat-ten.

Es heißt in unserem Predigttext zweimal: Er (der, den ihr nicht kennt, den ich aber kenne), er, der Wahrhaftige, hat mich gesandt. Was für ein eigenartiges Bild. Jesus, der »Gesandte Gottes«.

Im zu Ende gehenden Jahr wurden die Grenzen diplomatischer Bemü-hungen im Krieg um das ehemalige Jugoslawien deutlich. Aus dem von einem furchtbaren Massenmorden überzogenen Ruanda wurden die ausländischen Gesandten abgezogen. Mehrmals drohten Länder mit dem Abbruch diplomatischer Beziehungen. Gibt es keine »Gesandten« mehr, dann herrscht Rechtlosigkeit.

Gesandte sind Vertreter einer Macht auf fremdem Territorium, genie-ßen diplomatische Immunität, besitzen einen Diplomatenpass mit all den entsprechenden Vorteilen, damit sie bei Gefahr oder Misslingen unversehrt in die Heimat zurückkehren können. Sie dienen ihrer Re-gierung mit diplomatischem Geschick, genießen als Bevollmächtigte das entsprechende Vertrauen, besitzen durchaus auch einen kleinen eigenen Verhandlungsspielraum. Der Gesandte wird abgezogen, wenn das Verhältnis auf einem Tiefpunkt angelangt ist, wenn das Leben des Gesandten bedroht ist.

Jesus, der »Gesandte Gottes«.
Gott und Gottes Sohn, Sender und Gesandter sind sich nicht nur »in der Sache einig«, sie sind »eins« (Joh 10,30). Wer mich kennt, kennt den Vater. Wer den Vater kennt, kennt mich. Ich und der Vater sind eins. Der Christus Jesus ist nicht ein nach diplomatischem Missgeschick austauschbarer »Beamter Gottes«, sondern Gottes Sohn, Gott selbst. Wir müssen nicht »auf einen anderen warten« (Matth 11,3). Er ist es. Er genießt keine »Immunität«, er wird am Kreuz zu Tode gebracht. Er

bricht die »diplomatische Mission« nicht ab, sondern bleibt dort, wo er keine Aufnahme findet. Hält bei uns aus.

Wie lautet die »Bestimmung« dieses eigenartigen Gesandten? Dafür gibt es verschiedene Begriffe, die wohl alle das Gleiche bedeuten: Rechtfertigung des Sünders, Heil der Welt, Versöhnung, d. h. die Wiederkehr oder Wiederherstellung des Glanzes in der Welt.

Die Legende erzählt, wie Gottes Angesicht vor Freude glänzt, als er seinen Sohn mit der Mission beauftragt, die Welt zu retten. Jesus ist der »Gesandte Gottes«.

Es ist uns gesagt, dass der Glanz Gottes über der Welt sich nicht mehr zurückzieht. Was uns in diesem Kind so entwaffnend, so angstfrei begegnet, ist die Herrlichkeit Gottes, die auch uns zum Glänzen bringt. Die wunden Seelen sind am ehesten in der Lage, das Geheimnis der Menschwerdung Gottes zu erleben. Sie warten, sind arm, verwaist und elend. Sie greifen nach einem Strohhalm. Für wunde Seelen ist es schwierig, zu vertrauen. Aber wenn sie vertrauen, dann ist es tief. Das führt zur Heilung. Die Heilungsgeschichten der Bibel erzählen uns von wunden Menschen, von wunden Seelen. Sie kommentieren die Heilung nicht, indem sie sagen: Vitamin E oder die Arznei oder der Arzt hat dir geholfen. Sie kommentieren: Dein Glaube hat dir geholfen.
Wir können die Botschaft der Heiligen Nacht übersetzen. Das Licht und die Herrlichkeit übersetzen wir mit der Wärme von Kerzen. Das Geschenk der Liebe übersetzen wir mit unseren lieb gemeinten Geschenken. Die Botschaft der Engel übersetzen wir mit unseren wunderschönen Weihnachtsliedern. Aber dieses Übersetzen ist nur ein Herantasten. Der Schlüssel zu diesem Geheimnis ist auch der Schlüssel zum Geheimnis unseres Lebens. Zum Woher und Wohin und Warum? Zu einem heilenden Umgang mit unseren Wunden.

Wir feiern an Heiligabend die Wiederkehr des Glanzes in der Welt.